LONGMAN PRATIQUE

1000

FORMULES POUR ÉCRIRE UNE LETTRE EN ANGLAIS

Michèle CARRET

Longman

© Longman France, Paris, 1992
ISBN 2-866-44268-7

Sommaire

Contents

1 000 formules
pour une correspondance
en anglais

Cet ouvrage a pour but de venir en aide à tous ceux qui travaillent dans les domaines scientifiques et universitaires : chercheurs, enseignants, thésards, ingénieurs, secrétariats... ainsi qu'à ceux qui, quelles que soient leurs spécialités, se trouvent confrontés à des problèmes de rédaction de courrier en langue anglaise.

Il ne s'agit ni d'un manuel de correspondance commerciale ou juridique, ni d'un manuel pédagogique ; c'est un glossaire, qui a été conçu en vue d'une **utilisation essentiellement pratique**, pour ceux qui possèdent déjà de bonnes bases en anglais.

L'auteur s'est efforcé de rassembler, sélectionner et classer des **phrases types** sous différents chapitres afin de permettre une recherche rapide lors de la rédaction d'un courrier. Les éléments pourront alors être choisis et complétés par l'utilisateur en fonction de la situation de communication dans laquelle il se trouvera ; ces éléments réunis — tel un **puzzle** — lui permettront de constituer ainsi un document original qui traduira au mieux ses objectifs.

Ce recueil de locutions rencontrées dans la correspondance courante ne comporte pas de lettres types dont le contenu, nécessairement figé, convient rarement à la situation dans laquelle se trouve précisément l'utilisateur. En outre, les «formules» — en français comme en anglais — ne font pas apparaître les différents accords possibles (masculin/féminin, singulier/pluriel), ceci à seule fin de ne pas alourdir la disposition des phrases.

La présentation bilingue de ce recueil devrait faciliter la recherche et éviter les hésitations. Il est toutefois recommandé de «penser» son texte directement en anglais car, outre le gain de temps, le résultat sera meilleur qu'une traduction.

Ce travail a été réalisé avec la collaboration de :
— **Marie-Claude Roland**, professeur agrégé d'anglais.
— **Martha Mast-Grand**, BA (USA).

1 - LA DISPOSITION DE LA LETTRE
The layout of a letter

Il ne s'agit pas d'adopter à tout prix la disposition de la lettre anglaise ou de la lettre américaine, les deux étant d'ailleurs fort différentes, tant par la présentation que par le format du papier. Mais il est intéressant de connaître ce qui différencie la lettre française de la lettre anglaise.

Il faut savoir que, hormis **l'en-tête** *(the heading)*, qui se trouve toujours en haut de la lettre, la présentation anglaise est l'inverse de la présentation française : si l'on ne dispose pas de papier à en-tête — qui impose la présentation — ou si l'on écrit à titre privé :

• le nom de l'expéditeur se place en haut à gauche en France, à droite en Grande-Bretagne

• et celui du destinataire à droite en France, à gauche en Grande-Bretagne

Ne vous en inquiétez pas : le destinataire est certainement une personne sensée qui saura trouver son nom... et par conséquent celui de son correspondant.

L'objet, les références et la date (cf § 1.1) se placent en général contre la marge, à gauche, juste quelques lignes au-dessus du texte.

La date est absolument indispensable. Par contre, les rubriques « références » et « objet » n'ont d'importance que dans la rédaction d'une lettre purement administrative.

Si l'on veut définir l'objet de la correspondance, il ne faut pas le négliger, car il s'agit, en quelques mots-clefs, de saisir la substance du texte qui va être développé.

Le texte : en France et en Angleterre, la première ligne de chaque alinéa commence en retrait de la marge. Aux Etats-Unis, toutes les lignes partent de la marge. Personne ne se formalise aujourd'hui de ce détail ; adoptez la présentation qui vous est la plus agréable, mais évitez :

— les retraits « en cascade » : le retrait doit être le même pour la salutation et tous les débuts de paragraphes.

— les retraits trop importants : un retrait ne devrait pas excéder 8 caractères.

En conclusion, virgule ou pas virgule, une confusion résidera sur le fond plus que sur la forme. Préférez donc une présentation **simple** et **homogène** à un plagiat qui n'excusera pas les éventuelles fautes de syntaxe.

1.1 DATES ET RÉFÉRENCES　　　　*THE DATE AND REFERENCES*

A moins que le papier à en-tête n'impose l'emplacement des références et de la date, celles-ci sont placées de préférence contre la marge de gauche, quelques lignes au-dessus du texte de la lettre.

• **La date :**

- En Grande-Bretagne, on écrira indifféremment :

```
001 - ⎫                              ⎧ - 4th September, 19..
002 - ⎬ 4 septembre 19..            ⎨ - 4 September, 19..
003 - ⎭                              ⎩ - September 4, 19..
```

004 - 4/9/19..　　　　　　　　　　　- 4/9/19..

- Aux USA :

005 - 4 septembre 19..　　　　　　　- *September 4, 19..*

006 - 4/9/19..　　　　　　　　　　　- *9/4/19..*

◊ La première lettre du mois s'écrit avec une majuscule : *January, March ...*
◊ L'année est précédée d'une virgule.
◊ **Attention :** aux USA, le mois précède toujours le quantième. Aussi, pour éviter toute confusion, il est préférable d'écrire le mois en toutes lettres.

• **Les références** comprennent en principe les initiales de l'auteur du courrier suivies de celles du ou de la secrétaire, plus éventuellement d'autres indications :

007 - V/réf. : MB/PHB v/lettre du ...　　　- *Your Ref. : MB/PHB Letter of ...*

008 - N/réf. : JPL/RM　　　　　　　　　　- *Our Ref. : JPL/RM*

Lorsque — selon les règles — le courrier doit être adressé au supérieur hiérarchique du correspondant, on mentionne sous l'adresse :

009 - A l'attention de ...　　　　　　　- *For the attention of ...*

suivi du nom du correspondant.

1.2 L'APPEL   *THE SALUTATION*[1]

On place l'appel quelques interlignes au-dessous de la date, et − selon son choix − contre la marge de gauche, ou en retrait de quelques caractères (le texte adoptera la même présentation).

Aux USA, les deux-points après l'appel remplacent la virgule en usage en France et en Grande-Bretagne.

• A un individu :   *To an individual :*

010 - { Monsieur,
Monsieur le Directeur,   - *Dear Sir,*

011 - { Madame,
Madame la Présidente,   - *Dear Madam,*
Mademoiselle,

• A une société :   *To a firm :*

012 - }
013 - } Messieurs, *(pour des associés)*   { - *Dear Sirs,* GB
{ - *Gentlemen :* US (for partnerships)

014 - }
015- } Madame,   { - *Dear Madam,*
{ - *Dear Ms.*[2] *Smith,*

• Divers :   *Miscellaneous :*

016 - { Cher Associé,
Cher Membre, *(académie)*   - *Dear Associate,*

017 - Cher Abonné, *(journal)*   - *Dear Subscriber,*

018 - Cher Lecteur,   - *Dear Reader,*

019 - Cher Client,   - *Dear Customer,*

---

1. «*The salutation*» correspond en français à «l'appel», tandis que «salutation» en français signifie − dans la correspondance − formule finale.
2. «*Ms.*» est surtout employé dans le domaine des affaires.

• Aux USA et en Grande-Bretagne, on emploie très facilement le nom de la personne à qui l'on s'adresse, ce qui ne se fait plus en France, où l'on utilise simplement l'adjectif «Cher» :

020 - Cher Monsieur,	- *Dear Mr. Brown,*
021 - Chère Madame,	- *Dear Mrs. Jones,*
022 - Chère Mademoiselle,	- *Dear Miss Royle,*

• **Titres :**   *Titles :*

023 - Monsieur le Professeur,	- *Dear Professor Smith,*
024 - Cher Docteur,	- *Dear Dr. Ryder,*
025 - Cher Collègue,	- *Dear Colleague,*

• **Amical :**   *Friendly :*

026 - (Mon) Cher Louis,	- *Dear Louis,*

Remarque. L'emploi du possessif en anglais *(my dear John)* est un peu vieux jeu : l'éviter.

• **Attestation** (voir § 8.2.2) :   *Testimonial (see § 8.2.2) :*

027 - A qui de droit.	- *To whom it may concern.*

1.3 LA SIGNATURE   *THE SIGNATURE*

La signature se place bien entendu après la formule de politesse. Le nom est imprimé au-dessous de la signature, et souvent accompagné de l'indication du titre (Docteur, Professeur...) et/ou de la fonction (Directeur, Responsable de Service...) (cf. § 1.8).

Si le signataire écrit au nom d'un établissement, il précède sa signature par :

028 - Par procuration.	- *Per pro.* [3]

---

3. Du latin *per procurationem*. Il signifie en anglais *by procuration, by proxy*. Souvent abrégé *p.p.*

1.4 AU BAS DE LA LETTRE   ***AT THE BOTTOM OF THE LETTER***

On trouve le cas échéant les mentions suivantes (voir 086, § 1.7) :

029 -⎫
030 - ⎬ P.J. :
031 -⎭

    ⎧ *- enc. :*
    ⎨ *- encl. :*
    ⎩ *- encs. :*

032 - Copie :   *- cc. :*

1.5 SUR UNE CARTE DE VISITE   ***ON A*** ⎰ ***BUSINESS-CARD*** *GB*
                                                  ⎱ ***CALLING CARD*** *US*

033 - Avec ⎰ mes ⎱ compliments.   *- With compliments.*
         ⎱ nos ⎰

1.6 MENTIONS SUR L'ENVELOPPE   ***ON THE ENVELOPE***

034 - a/s *(voir 082, § 1.7)*   *- c/o* (see 082, § 1.7)

035 - Personnel   *- Private*

036 - Confidentiel   *- Confidential*

037 - Urgent   *- Urgent*

038 - ⎰ Par exprès. ⎱   *- Express*
     ⎱ Lettre exprès. ⎰

039 - Par Avion   *- By Airmail*

040 - Ne pas plier SVP   *- Please do not fold*

041 - Fragile   *- Handle with care*

042 -
043 - } Prière de faire suivre
{ - *Please forward*
  - *To be forwarded*

044 - Si inconnu à l'adresse indiquée, prière de retourner à :
- *If undelivered, please return to :*

045 - Adresser la correspondance à :
- *Correspondence to be sent to :*

046 -
047 - } Poste restante
{ - *Poste restante* GB
  - *General Delivery* US

048 - Expéditeur
- *Sender*

049 -
050 - } Destinataire
051 -
{ - *Addressee*
  - *Consignee* (of goods)
  - *Payee* (of money order)

052 -
053 - } Contre remboursement
{ - *Cash on delivery* GB
  - *Collect on delivery* US

054 - Recommandé
- *Registered*

055 - { Avis de réception
        Préavis }
- *Acknowlegment of receipt*

056 - Imprimés
- *Printed matter*

057 - Echantillons
- *Samples*

058 - Port dû
- *Carriage forward*

059 - Port payé
- *Postage paid*

1.7 ABRÉVIATIONS (et équivalences) **ABBREVIATIONS** [4]

• **Titres** *Titles*

060 - M.	- Monsieur	- *Mr.*	- *Mister*
061 - –	- –	- *Esq.*	- *Esquire* [5] *GB*
062 - MM.	- Messieurs	- *Messrs.*	- –
063 - Mme	- Madame	- *Mrs.*	- –
064 - Mmes	- Mesdames	- –	- *Mesdames*

065 - { Mle / Mlle } - Mademoiselle - – - *Miss*

066 - –	- –	- *Ms.* [6] ⇒ - *Mrs. or Miss*
067 - –	- –	- *Sr.* [7] - *Senior*
068 - –	- –	- *Jr.* [7] - *Junior*

069 - / 070 - } Dir. - Directeur/Directrice { - *Dir.* - *Director* / - *Mgr.* - *Manager* }

071 - DG	- Directeur Général	- *CEO*	- *Chief Executive Officer*
072 - Prés.	- Président(e)	- *Pres.*	- *President*
073 - Prof.	- Professeur	- *Prof.*	- *Professor*

---

4. En principe, en français, une abréviation n'est pas suivie d'un point si elle se termine par la dernière lettre du mot qu'elle représente (Mme, Dr), tandis que les Nord-Américains et les Anglais font normalement suivre toutes leurs abréviations d'un point *(Mrs., Dr.)*.
5. «*Esq.*» équivaut tout simplement à «*Mr.*». Il est surtout utilisé sur l'enveloppe et figure après le nom. Ex. : *John Smith Esq.* Son emploi se fait rare.
6. «*Ms.*», apparu en 1950, est employé essentiellement dans le domaine des affaires.
7. «*Sr.*» et «*Jr.*» (qui s'abrègent aussi parfois «*Sen.*», «*Jun.*») sont précédés d'une virgule : *J. Smith, Jr.*

074 - Dr	- Docteur	*- Dr.*	*- Doctor*
075 - Ing.	- Ingénieur	*- Eng.*	*- Engineer*
076 - Ass.	- Assistant(e)	*- Asst.*	*- Assistant*

• **Annotations**		***Annotations***	
077 - RSVP	- Répondez s'il vous plaît	*- RSVP* [8]	*- Please reply*
078 - p/info.	- Pour information	*- FYI*	*- For your information*
079 - TSVP	- Tournez s'il vous plaît	*- PTO*	*- Please turn over*
080 - –	- dès que possible	*- ASAP*	*- as soon as possible*
081 - Urgt	- Urgent	*- UGT*	*- Urgent*
082 - a/s	- aux soins de ...	*- c/o*	*- care of ...*
083 - –	- à l'attention de ...	*- FAO*	*- For the attention of ...*
084 - s/c	- sous couvert (de)	*- –*	*- under cover (of)*
085 - –	- sous pli séparé	*- USC*	*- under separate cover*
086 - PJ	- pièce(s) jointe(s)	*- enc.*	*- enclosure(s)*
087 - –	- Par porteur spécial	*- sp. del.*	*- Special delivery*
088 - –	- Contre remboursement	*- COD*	*{ - Cash on delivery GB* *{ - Collect on delivery US*
089 - p/o	- par ordre	*- –*	*- by order*

---

8. L'abréviation « RSVP » est utilisée en anglais.

090 -	p/p	- par procuration	*- per pro.*	*- per procurationem*
091 -	PS	- post scriptum	*- PS*	*- post scriptum*

• **Adresse**   *Address*

092 -	Labo.	- Laboratoire	*- Lab.*	*- Laboratory*
093 -	Serv.	- Service	*- Dept.*	*- Department*
094 -	Bât.	- Bâtiment	*- Bldg.*	*- Building*
095 -	Av.	- Avenue	*- Ave.*	*- Avenue*
096 -	BP	- Boîte Postale	*- POB*	*- Post Office Box*

097 -
098 - } CP   - code postal   { *- zip (code)* US *- zone of improved delivery* / *- postcode* GB

1.8 TITRES, FONCTIONS, SERVICES   *TITLES, POSITIONS, DEPARTMENTS*

• **Titres, Fonctions :**   *Titles, Positions :*

099 -
100 - } { - Administrateur   { *- Director*
101 - } { - Directeur   { *- Manager* / *- Head*

102 - Administrateur Civil	*- Government Administrator*
103 - Responsable d'un établissement public	*- Government Agency Head*
104 - Président d'Université	*- University President*
105 - Doyen d'Université	*- Dean of University*

106 - Professeur (d'Université)	- *(University) Professor*
107 - Docteur	- *Doctor*
108 - Maître de Conférences	- *Lecturer*
109 - Assistant	- *Assistant*
110 - Scientifique	- *Scientist*
111 - Directeur de Recherche	- *Research Director*
112 - Ingénieur	- *Engineer*
113 - Ingénieur en Chef	- *Chief Engineer*
114 - Ingénieur Conseil	- *Management Consultant*
115 - Technicien	- *Technician*
116 - Rédacteur en Chef	- *Editor*
117 - Editeur	- *Publisher*
118 - Président Directeur Général	- *Chairman and Managing Director*

119 - ⎫
120 - ⎭ Directeur Général
⎰ - *Chief Executive Officer* [9]
⎱ - *General Manager*

121 - ⎫
122 - ⎭ Vice-Président
⎰ - *Vice-President*
⎱ - *Deputy Chairman*

123 - Directeur Commercial	- *Sales Manager*
124 - Directeur Technique	- *Technical Manager*

---

9. Généralement abrégé *CEO*.

125 - Cadre - *Executive*

126 - Chef de service - *Head of Department*

127 - ⎫
128 - ⎬ Chef du Personnel { - *Staff Manager*
         { - *Personnel Manager*

129 - Chef Comptable - *Chief Accountant*

• **Services :** **Departments :**

130 - Service du Personnel - *Personnel Department*

131 - Services Comptables - *Accounts Department*

132 - Services Commerciaux - *Sales Department*

133 - Service Après Vente - *After-Sales Service*

134 - Service Clientèle - *Customer Service*

135 - Service Technique - *Engineering Department*

136 - Service Recherche - *Research Department*

1.9 TÉLÉCOPIE **FAX**

La page de garde d'une télécopie doit comporter, outre les renseignements figurant sur le papier à entête, quelques informations indispensables :

137 - Télécopie - *Fax*

138 - Service : - *Department :*

139 - Date :

- Date :

140 - de :

- From :

141 - à :

- To :

142 - Nombre de pages jointes :

- Number of enclosures :

143 - Nombre de pages incluant celle-ci :

- Number of pages including this one :

Si le papier à en-tête n'est pas utilisé, la page de garde peut comporter les informations suivantes :

144 - Société :

- Company :

145 - Adresse :

- Location :

146 - Adresse postale :

- Mailing address :

147 - N° de télécopie : (33) .. ..

- Fax no : (33) .. ..

148 - Téléphone : (33) .. ..

- Telephone : (33) .. ..

149 - Téléphone direct : (33) .. ..

- Direct dialling : (33) .. ..

150 - Courrier électronique :

- E-mail :

151 - Secrétariat :

- Secretariat :

152 - En cas de problèmes de réception, prière d'appeler Mme ... au (33) .. ..

- If there are receiving problems, please call Mrs. ... on (33) .. ..

2 - INTRODUCTION
Beginning a letter

L'introduction doit être assez brève et doit principalement situer l'objet de la lettre qui sera développé dans le corps de la lettre.

Une lettre est généralement écrite à la première personne du singulier. La première personne du pluriel, en principe utilisée pour la correspondance commerciale, peut être employée pour exprimer une intention ou une décision collective (accueil d'une personnalité, d'un étudiant, réponse à une demande de stage, à un projet de contrat...). Dans ce cas, cela signifie que l'on tient à garder une certaine distance; cette position formelle se révèle souvent utile car elle n'implique pas l'auteur à titre personnel et autorise une relation qui, tout en étant ferme, n'en reste pas moins courtoise. Il vaut donc mieux éviter l'emploi de la première personne du pluriel s'il s'agit d'une personne que l'on estime particulièrement ou que l'on serait heureux de recevoir personnellement.

2.1 SANS CORRESPONDANCE ANTÉRIEURE

WITHOUT PREVIOUS CORRESPONDENCE

• **Pour apporter une information :**

Informing :

153 - Je vous écris pour vous informer que ...

- *I wish to inform you that ...*

154 - J'ai le plaisir de vous informer que ...

- *I am pleased to inform you that ...*

155 - Je voudrais attirer votre attention sur ...

- *I would like to draw your attention to ...*

• **En citant une source :**

With someone's authority :

156 - M. ... m'a informé de ...

- *I have been informed by Mr. ... of ...*

157 - J'ai appris par M. que ...

- *I have heard from Mr. ... that ...*

158 - On m'a signalé que ...

- *It was brought to my attention that ...*

• **En réponse à une annonce :**

Referring to an advertisement :

159 - En référence à votre annonce parue dans ...

- *I refer to your advertisement in ...*

• **Pour se présenter :**

Introducing oneself :

160 - Je me permets de me présenter.
Mon nom est ...

- *I would like to introduce myself.
I am ...*

• **Suite à un conseil :**

On the advice of someone :

161 - Votre adresse nous a été donnée par
M. ... Nous sommes intéressés par ...

- *Your address has been given to us by
Mr. ... We are interested in ...*

162 - J'ai été ravi de pouvoir parler avec M. ...
lors de la dernière réunion générale. Il
m'a proposé de ...

- *I enjoyed the opportunity to talk with Mr. ...
during the last general meeting. He
proposed that I ...*

163 - J'ai eu le privilège de rencontrer M. ...
quand ...

- *I had the privilege of meeting Mr. ...
when ...*

164 - M. ... du laboratoire ... m'a conseillé de
vous contacter au sujet de ...

- *Mr. ... from ... Lab. suggested I contact
you about ...*

• **Pour remercier quelqu'un de sa visite :**

Thanks for a visit :

165 - J'espère que votre voyage de retour s'est
bien passé après votre visite dans notre
laboratoire.

- *I hope you had a comfortable trip back
after your visit here.*

166 - L'occasion ne m'a pas été donnée, lors du
colloque, de vous remercier pour l'excellente
organisation.

- *During the conference, no suitable occasion
arose to thank you for the excellent
organization.*

2.2 EN RÉPONSE A UNE LETTRE

IN REPLY TO A LETTER

167 - A la suite de notre récente correspondance
et de la discussion qui a suivi, je vous écris
pour examiner les possibilités d'actions
réciproques entre nos laboratoires.

- *Following our recent exchange of letters
and subsequent discussion, I am writing
to examine possibilities for an interaction
between our laboratories.*

• **Remerciements :**

Thanks :

168 - Je tiens à vous remercier pour votre
lettre du ... relative à ...

- *Thank you very much for your letter
of ... regarding ...*

169 - Nous vous remercions pour votre lettre
du ... nous informant que ...

- *Thank you for your letter of ... informing
us that ...*

• **Administration :**

Administration :

170 - En réponse à votre lettre du ...

- *In reply to your letter of ...*

171 - A la suite de votre lettre du ...

- *Following your letter of ...*

172 - En référence à votre lettre du ...
concernant ...

- *With reference to your letter of ...*
about ...

• **En réponse à une demande de renseignements :**

In reply to an inquiry :

173 - ⎫ Le 17 mai dernier, vous avez paru
174 - ⎭ intéressé par ...

- *On May 17 last,* ⎰ *you showed an interest in ...*
⎱ *you expressed interest in ...*

175 - Je viens de recevoir votre lettre du ... qui
mentionne ... et j'ai le plaisir de répondre
à vos diverses questions : ...

- *I have just received your letter of ...*
which mentioned ... and I am pleased
to reply to your various questions : ...

• **Réponse à une demande de documents :**

In reply to a request for documents :

176 - J'ai bien reçu votre lettre du ... dans laquelle
vous me demandez un tiré à part de mon
article sur ...

- *I have received your letter of ... in regards*
to the possibility of receiving a reprint of
my paper on ...

177 - Comme vous le demandiez dans votre lettre
du ..., je vous envoie pour examen une copie
de ...

- *As requested in your letter of ..., I am*
forwarding for your consideration a copy
of ...

178 - Conformément à la demande de M. ..., je
vous ai envoyé sous pli séparé les rapports
concernant ...

- *As requested by Mr. ..., I have mailed to*
you under separate cover the reports
concerning ...

179 - Conformément à vos instructions, j'ai
transmis le rapport à M. ...

- *In accordance with your instructions, I*
have forwarded the report to Mr. ...

180 - Comme convenu, vous trouverez ci-joint le
rapport d'activité annuel de notre laboratoire.

- *As agreed, you will find here enclosed the*
annual activity report of our laboratory.

• **Pour exprimer surprise, contentement, regret** (voir aussi § 3.5) :

Expressing surprise, satisfaction, regrets (see also § 3.5) :

181 - Je suis surpris d'apprendre par votre lettre que ...

- *I am surprised to learn from your letter that ...*

182 - J'ai été vraiment désolé d'apprendre que ...

- *I was very sorry indeed to learn that ...*

183 - ⎱ En réponse à votre demande du ...,
184 - ⎰ j'ai le regret de vous annoncer que ...

- *In reply to your inquiry of ...,*

$I \begin{cases} am\ sorry\ to \\ regret\ to\ have\ to \end{cases} inform\ you\ that\ ...$

185 - En réponse à votre lettre du ..., je voudrais vous informer que ...

- *In reply to your letter of ..., I wish to inform you that ...*

186 - En réponse à votre lettre du ..., je suis heureux de pouvoir vous annoncer que ...

- *In reply to your letter of ..., I am glad to be able to tell you that ...*

187 - J'ai le plaisir de vous annoncer que le Prix d'Excellence 19.. en ... a été accordé à M. ...

- *I am delighted to announce that the recipient of the 19.. Award for Excellence in the field of ... is Mr. ...*

• **Après vérification :**

After verification :

188 - Depuis votre lettre du ..., je me suis assuré que ...

- *Since receiving your letter of ..., I have ascertained that ...*

189 - A la suite de votre lettre du ..., j'ai cherché à obtenir de plus amples renseignements sur ...

- *Further to your letter of ..., I have been trying to find out more about ...*

• **Si les courriers se sont croisés :**

If letters have crossed :

190 - Votre lettre du ... s'est croisée avec la nôtre.

- *Your letter of the ... crossed ours.*

2.3 CONFIRMATION

CONFIRMING

191 - Je vous confirme notre conversation téléphonique relative à ma visite le ...

- *This is to confirm our telephone conversation concerning my visit on ...*

192 - Conformément à notre conversation téléphonique de ce jour, je vous confirme que j'arriverai à ... le ...

- *With reference to our telephone call of today, I would like to confirm that I will be arriving at ... on ...*

193 - Je vous confirme que j'assisterai à la réunion à La Défense à Paris, le ...

- *This letter is to confirm that I will be able to attend the meeting at La Défense in Paris on ...*

194 - Je confirme mon télex de ce matin dont je vous envoie une copie ci-jointe.

- *I confirm my telex of this morning as per enclosed copy.*

195 - A la suite de votre appel téléphonique du ..., je vous confirme votre réservation.

- *Following your telephone call of ..., I wish to confirm your reservation.*

196 - J'ai le plaisir de vous confirmer votre inscription sous le n° ...

- *I am pleased to confirm your registration under no ...*

• **Demande de confirmation :**

Asking for a confirmation :

197 - ⎱ Je vous serais reconnaissant de
198 - ⎰ bien vouloir me confirmer que ...

- *I should be glad to have your confirmation that ...GB*
- *I would appreciate it if you could confirm that ...US*

199 - Veuillez nous confirmer dès que possible les dispositions que vous comptez prendre.

- *Please confirm your plans as soon as possible.*

• **Accuser réception :**

To acknowledge receipt of a document :

200 - Nous accusons réception de votre télégramme de ce jour.

- *We acknowledge receipt of your telegram of today.*

201 - J'ai bien reçu votre lettre du ...   - *I am in receipt of your letter of ...*

2.4 RAPPEL   *REMINDING*

Rappeler quelque chose à quelqu'un n'est pas difficile, encore faut-il s'exprimer avec le respect inhérent à une telle démarche. On ne rappelle pas un sujet sans importance ; il ne faut donc pas risquer de froisser le destinataire — quel qu'il soit — en manquant de diplomatie.

• Rappeler quelque chose à quelqu'un :   *To remind somebody of something :*

202 - Permettez moi de vous rappeler mon courrier   - *I would like to remind you of my letter*
du ..., dans lequel je vous demandais de ...   *of... in which I asked you to ...*

203 - Nous voudrions vous rappeler que nous   - *We would like to remind you that we still*
n'avons toujours pas reçu de réponse de   *have no reply from you to our proposal*
votre part à notre proposition concernant ...   *on ...*

• Plus familièrement :   *Informal :*

204 - Comme vous vous en souvenez sans   - *As you will no doubt remember, ...*
doute, ...

205 - Nous n'avons pas reçu de vos nouvelles   - *We have not heard from you for a long*
depuis longtemps.   *time.*

• Administration :   *Administration :*

206 - A la suite de ma lettre du ..., dans laquelle   - *Further to my letter of ..., in which I asked*
je vous demandais une copie de ...   *you for a copy of ...*

207 - Dans notre lettre du ..., nous vous   - *In our letter of ..., we asked you to send*
demandions de nous envoyer une copie de ...   *us a copy of ...*

208 - Dans notre lettre du ..., nous vous   - *In our letter of ..., we informed you of*
informions de la possibilité de recevoir ...   *the possibility of receiving ...*

2.5 PIÈCES JOINTES[10]

ENCLOSURES

209 - Je vous prie de trouver ci-inclus ...

- *Please find enclosed ...*

210 - Je vous envoie ci-jointe la quittance de ...

- *I am sending you herewith a receipt for ...*

211 - Vous trouverez ci-joint copie de ...

- *A copy of ... is enclosed.*

212 - Vous trouverez ci-joint notre contrat en 3 exemplaires.

- *You will find herewith our agreement in triplicate.*

213 - Je vous joins pour information copie d'une lettre reçue ce jour de ...

- *I attach for your information a copy of a letter received today from ...*

214 - Comme vous le constaterez sur la copie ci-jointe, ...

- *As you will see from the enclosed copy, ...*

215 - Sur le conseil de mon ami Pierre Durand, je me permets de vous envoyer une demande d'inscription.

- *As suggested by my friend Pierre Durand, I am sending you an application form.*

216 - ⎫ La brochure ci-jointe vous fournira
217 - ⎭ tous les renseignements.

- *The enclosed brochure will supply full information.* GB
- *The enclosed brochure will provide all necessary information.* US

218 - Je vous transmets, sous pli séparé, ...

- *I am sending you under separate cover ...*

On signale les pièces jointes en inscrivant, contre le bord inférieur gauche de la lettre (après la signature) l'abréviation «*enc.*», «*encl.*», ou «*encs.*» (cf § 1.4 & 1.7), suivie de l'intitulé du ou des documents, ou simplement leur nombre.

---

10. **Rappel** : *Ci-joint, ci-inclus*, sont
   • adverbes et invariables lorsqu'ils sont placés :
   - en tête de phrase : *Ci-joint copie de ...*
   - ou immédiatement avant le nom auquel ils se rapportent : *Vous trouverez ci-joint copie de ...*
   • adjectifs et variables :
   - s'ils sont employés comme qualificatifs : *la copie ci-jointe*
   - ou s'ils sont suivis d'un article ou adjectif possessif ou numéral : *Vous trouverez ci-jointes trois copies de ...*

3 - LETTRE GÉNÉRALE
General letter

Après avoir défini l'objet de la correspondance, il faut développer le sujet en gardant toujours à l'esprit qu'un texte clair est la résultante de phrases courtes. Qu'il s'agisse :
- de fournir ou de demander des informations,
- d'envoyer une invitation ou de répondre à une invitation,
- de rectifier une erreur,...

il est important de rester concis et d'éviter les tournures alambiquées.

N'hésitez pas à aller à la ligne pour éclaircir le texte. En ce qui concerne la présentation des paragraphes, elle devra autant que possible être homogène avec l'appel et l'introduction (avec ou sans retrait).

Eviter une trop grande familiarité, même si le style anglais vous paraît moins formaliste que les tournures françaises — lesquelles évoluent aussi vers plus de simplicité.

Les situations plus spécifiques, rencontrées lors :
- de l'organisation de réunions,
- des réservations,
- de la facturation,
- de la soumission de publications,
- de candidatures,

font l'objet de chapitres particuliers, le présent chapitre se limitant à une correspondance générale.

3.1 LETTRE D'INFORMATION

INFORMING

• **Informations reçues :**

Received information : [11]

219 - Mme ... m'a informé que ...

- *I have been told* [12] *by Mrs. ... that ...*

220 - J'ai appris de source autorisée que ...

- *I have heard on good authority that ...*

221 - D'après les renseignements que nous a envoyés le Prof. ... au sujet de ...

- *According to the information received from Prof. ... about ...*

222 - Autant que je sache, il semble que ...

- *As far as I know, it appears that ...*

223 - Je suis heureux d'apprendre que ...

- *I am pleased to learn that ...*

224 - Depuis mon retour de ..., j'ai vérifié l'information et je puis vous assurer que ...

- *Since I came back from ..., I have checked the information, and I can assure you that ...*

225 - J'ai examiné avec attention vos remarques dans votre lettre du ...

- *I have duly noted the suggestions contained in your letter of ...*

• **Apporter une information :**

Giving information : [13]

226 - Je vous envoie ci-joint un dépliant pour information.

- *For your information, I am sending you herewith a folder.*

227 - Je me permets de vous signaler que ...

- *I would like to point out that ...*

228 - Je voudrais attirer votre attention sur ...

- *I would like to draw your attention to ...*

---

11. *Information* (= **renseignements**) est un indénombrable ; **une information** se traduit par : *a piece of information*.
12. Le passif s'emploie beaucoup en anglais pour traduire « on ». Ici, *I have been told that ...* = on m'a dit que ...
13. Cf. note 11.

1000 FORMULES

229 - Nous attirons votre attention sur le fait que ...

- *We bring it to your attention that ...*

230 - Je vous prie de bien vouloir noter que ...

- *Please note that ...*

231 - Comme vous le remarquerez, ...

- *As you will notice, ...*

232 -
233 - } Comme vous le savez sans doute, ...

- *As you* { *may* / *probably* } *know, ...*

• Digression :

Digression :

234 - Je me permets de citer ...

- *Let me mention ...*

235 - Je voudrais mentionner en passant que ...

- *In passing, I would like to mention that ...*

• Présenter une activité :

Presenting an activity :

236 - Comme je vous l'écrivais dans ma lettre du ..., les domaines de recherche de notre équipe concernent principalement ...

- *As I informed you in my letter of ..., the research carried out by our team is mainly focused on ...*

237 - Les recherches dans le domaine des communications sont orientées vers ...

- *Research in communications is focused on ...*

238 - Une bonne part de notre savoir-faire en ... est issue de ...

- *Most of our know-how in ... came from ...*

239 - Outre le programme pluriannuel de recherche en ..., des actions ont été décidées dans le domaine de ...

- *In addition to continuous research in ..., initiatives have been taken in the field of ...*

240 - Ces transferts de technologie ont largement contribué au développement de ...

- *These technology transfers have contributed significantly to the growth of ...*

241 - Pour vous tenir au courant de l'état de mes travaux, ...

- *To keep you up to date with what I am doing, ...*

242 - Ce dispositif est déjà très utilisé au ..., ..., et au ..., pour n'en citer que quelques uns.

- *This device is already in use at ..., ..., and ..., to mention only a few.*

243 - Cette technique, basée sur la méthode de Smith, est très prometteuse.

- *This technique, based on Smith's method, is very promising.*

244 - Nous encadrons actuellement 25 étudiants et ce nombre augmentera sans doute l'année prochaine.

- *At present, we train and supervise 25 graduate students and this is expected to increase next year.*

• **Projets :**

Projects :

245 - Nous avons lancé un programme de recherche sur une nouvelle technique d'étude approfondie dans le domaine de ...

- *We have initiated a research programme dealing with a new technique of investigation in the field of ...*

246 -
247 - } Notre $\left\{ \begin{array}{c} \text{but} \\ \text{objectif} \end{array} \right\}$ est de développer de nouvelles méthodes de traitement.

- *Our $\left\{ \begin{array}{c} purpose \\ objective \end{array} \right\}$ is to develop new processing methods.*

248 - Nous nous efforçons actuellement de doter notre projet d'une dimension européenne.

- *We are now in the process of introducing a European dimension to our project.*

249 - Ce projet comporte trois aspects principaux :

- *The three main features of this project are :*

250 - En premier lieu, ...
251 - Tout d'abord, ...

- *First(ly), ...*
- *First of all, ...*

252 - Deuxièmement, ...
253 - Ensuite, ...

- *Secondly, ...*
- *Next, ...*

254 - Troisièmement, ...
255 - Ensuite, ...

- *Thirdly, ...*
- *Then, ...*

256 - Et enfin,

- *And finally, ...*

257 - Nous sommes chargés à présent de mettre un point final au projet.

- *We are now charged with finalizing details of the plan.*

258 - Nous nous chargeons à présent des derniers détails.

- *We are now taking care of the final details.*

• Collaboration :

Collaboration :

259 - Il faut souligner que ce travail, entrepris par le Dr ..., est réalisé avec la collaboration de l'Institut ...

- *I would like to point out that this work, undertaken by Dr. ..., is carried out in collaboration with the ... Institute.*

260 - Rappelons ici l'éminente contribution du Dr ...

- *The valuable contributions of Dr. ... deserve mentioning here.*

261 - Nous sommes en ce moment à la recherche de laboratoires désireux de collaborer à ce projet.

- *We are in the process of looking for laboratories who might be willing to partner us in this venture.*

• Insister ou ajouter des informations :

Insisting or adding information :

262 - Je voudrais également insister sur le fait que toutes les figures doivent être des originaux.

- *I would also like to insist that all figures be originals.*

263 - Permettez-moi d'ajouter ...

- *I wish to add ...*

264 - Je voudrais ajouter, pour information, ...

- *For your information, I would like to add that ...*

3.2 DEMANDES DIVERSES

VARIOUS INQUIRIES

265 - Auriez-vous l'obligeance de me faire savoir ...

- *Would you please inform me of ...*

266 - Je voudrais me renseigner sur ...

- *I would like to inquire about ...*

267 - Serait-il possible d'obtenir des détails sur ...

- *May I have details of ...*

268 - Je vous saurais gré de bien vouloir me faire savoir si ...

- *Please let me know whether ...*

269 - J'aimerais savoir si vous êtes en mesure de nous fournir une version mise à jour de votre rapport d'activité.

- *I would like to know if you are in a position to supply an updated version of your annual report.*

270 - Vous serait-il possible de vérifier que ...

- *I would appreciate it if you could check that ...*

271 - Pourriez-vous me communiquer l'adresse de ...

- *Could you please let me have the address of ...*

272 - Pourriez-vous nous faire savoir si vous disposez de tels équipements.

- *Would you please let us know if you have such facilities.*

273 - Nous vous serions reconnaissants de nous faire votre proposition par écrit.

- *We would be grateful if you could put your proposal in writing.*

• **A titre confidentiel :**

Confidentially :

274 - Pourriez vous me faire parvenir vos résultats concernant ..., à titre strictement confidentiel.

- *Will you please send me your results for ... This information will remain strictly confidential.*

275 - Il est bien entendu que cette information est tout à fait confidentielle.

- *I understand that this information is highly confidential.*

• **A titre amical** (style plus direct) :

Informal :

276 - Sauriez-vous par hasard si ...?

- *Do you happen[14] to know if ...?*

277 - J'aurais également besoin de renseignements sur le sujet suivant : ...

- *Another matter I need information on is ...*

---

14. *To happen*, auxiliaire de modalité, exprime une idée de hasard. Il est suivi d'un infinitif complet.

1000 FORMULES

278 - Un autre point, dont je ne suis pas certain, concerne ...

- *Another point I am not certain about is ...*

• **Administration :**

Administration :

279 - Le rapport devrait nous parvenir d'ici la mi-août.

- *The report should be in our hands by mid-August.*

280 - Le rapport doit impérativement être envoyé le 15 août au plus tard.

- *The report must be sent no later than August 15.*

281 - La date limite de soumission des candidatures est le ...

- *The deadline for submitting applications is ...*

282 - Les éventuels conférenciers doivent soumettre leurs propositions au plus tard le 15 octobre.

- *Prospective speakers must submit their proposals no later than October 15.*

283 - Votre inscription doit être faite d'ici le 15 juin afin de ...

- *Your registration should be completed by the 15 of June so that ...*

284 - Un envoi avant le 15 juin nous arrangerait beaucoup.

- *Receipt by 15 June would assist us greatly.*

285 - Une réponse rapide serait la bienvenue.

- *An early reply would be appreciated.*

286 - Cette offre viendra à expiration le ...

- *This offer will expire on ...*

Les tournures suivantes sont moins péremptoires :

287 - Il est important que vous retourniez ce formulaire rapidement, si possible dans la quinzaine suivant la réception de cette lettre.

- *Please return the form promptly, if possible, within two weeks of receiving this letter.*

288 - ⎱ Auriez-vous l'obligeance de nous faire
  ⎰ savoir par retour du courrier si vous
289 - ⎱ arriverez le ...

- *Would you kindly advise us by return of post whether you will arrive on ...*[GB]
- *Could you let us know by return whether you will be arriving on ...*[US]

290 - Pouvez-vous nous avertir de la réception de cette lettre pour nous faire savoir si ...

- Will you please acknowledge receipt of this letter as we need to know whether ...

• **Demander l'envoi d'un document :**

Asking for documents :

291 - ⎱ Je serais heureux de recevoir un
292 - ⎰ exemplaire des articles mentionnés ci-dessus.

⎱ - I shall very much appreciate receiving ⎰
- I shall be grateful for
a copy of the above-mentioned papers.

293 - Je me demandais si vous pouviez transmettre quelques documents à ...

- I wonder if you could forward some documents to ...

294 - ⎱ Je voudrais déposer une demande de
295 - ⎰ bourse d'étude, et vous serais reconnaissant de me faire parvenir un formulaire de candidature.

- I would like to apply for a ⎧ grant GB ⎫
⎩ scholarship US ⎭
and would be grateful if you could send me an application form.

296 - Serait-il possible d'obtenir un exemplaire des publications sur vos récents travaux ?

- Would it be possible to have a copy of papers on your recent work ?

• **Demander conseil :**

Asking for advice :

297 - Je vous serais très reconnaissant de me

faire connaître vos remarques sur l'article ci-joint.

- I would be very grateful for your comments
about the enclosed manuscript.

298 - Je serais très heureux si vous pouviez me conseiller au sujet de ...

- I would be glad to have your advice on ...

299 - Je suis ouvert à toute proposition et apprécierais vos commentaires sur les

sujets suivants.

- I am open to any suggestions and I would appreciate your comments on the following items.

• Donner un conseil :

Giving advice :

300 - Je pense aussi que le mieux est de ...

- I agree that the best thing (to do) is to ...

301 - Je pense aussi que le mieux serait de ...

- I agree that the best thing would be to ...

302 - Je pense qu'il vaudrait mieux ne pas ...

- I think it would be better not to ...

303 - Je vous encourage vivement à ne pas prendre une décision avant la réunion.

- I strongly advise you against reaching a decision before the meeting.

• Recherche d'un candidat :

Looking for a candidate :

304 - Si vous connaissez un éventuel candidat, je vous serais reconnaissant de bien vouloir lui transmettre ces informations, ou lui donner une copie de cette lettre.

- If you happen to know of a possible candidate, it would be very much appreciated if you could pass this information on to him or give him a copy of this letter.

305 - Le candidat pourra me contacter pour obtenir des informations complémentaires.

- The candidate could contact me for additional information.

306 - Ci-joint une offre d'emploi concernant le poste de chercheur au laboratoire de l'Espace de l'Université de ...

- Enclosed is a job advertisement for a researcher in the Space Laboratory of ... University.

307 - Pourriez-vous afficher cette annonce afin que les personnes intéressées puissent la voir? Merci d'avance.

- Could you please display this advert so that those interested can see it? Thank you in advance.

3.3 INVITATION (voir aussi § 4.5.1)

INVITATION (see also § 4.5.1)

• Visite ou séminaire :

Visit or seminar :

308 - J'ai le plaisir de vous convier à une visite de notre laboratoire à l'occasion de ...

- I am pleased to invite you to visit our laboratory on the occasion of ...

309 - J'ai appris avec plaisir que vous aviez l'intention de nous rendre visite.

- *I was pleased to hear of your decision to visit our group.*

310 - En raison de l'importance de vos travaux vous nous obligeriez en présentant un séminaire lors de votre visite dans notre laboratoire.

- *In view of the significance of your work, we would like to ask you to present a seminar when you visit our lab.*

Plus familièrement, si l'on connaît bien son correspondant :

311 - Pourquoi ne viendriez-vous pas ...?

- *How about coming ...?*

312 - Aurons-nous la chance de vous voir?

- *Is there any chance of your coming?*

313 - Pouvez-vous venir le 5 juin? Je serais très heureux de vous revoir.

- *Could you come on June 5? I would be delighted to see you again.*

• **Séjour d'études :**

Stay :

314 - En réponse à votre demande de séjour à l'Université de ..., j'ai le plaisir de vous inviter à vous joindre à notre équipe cette année.

- *In reply to your request to study at the University of ..., I am pleased to invite you to join our team this year.*

315 - Nous serons heureux de vous accueillir pendant six mois, à compter de janvier.

- *We shall be happy to have you here for a period of six months, beginning in January.*

316 - L'Ecole est heureuse de vous recruter comme Professeur Associé pour l'année universitaire.

- *The College is pleased to appoint you Associate Professor for this academic year.*

• **Invitation à un dîner :**

Dinner invitation :

317 - Vous êtes convié au dîner qui se tiendra à l'hôtel ..., le 17 mai dans la soirée.

- *You are invited to a dinner to be held at ... Hotel on the evening of May 17.*

318 - Nous célébrons cette année ...
Nous avons pensé que ce serait une
excellente occasion pour organiser un
buffet le ..., à ...

- *This year we are celebrating ...*
We thought that this would be a most
appropriate occasion to organize a
buffet on ..., at ...

Sans formalité :

Informal :

319 - Je déjeune avec deux collègues mercredi
prochain et je serais très heureux si vous
pouviez vous joindre à nous.

- *I am having lunch with two colleagues*
next Wednesday and would be delighted
if you could join us.

Amical :

Friendly :

320 - Un dîner se tiendra à ..., le 4 mai, à
l'occasion de ... Pouvez-vous vous
joindre à nous? Je compte sur vous.

- *There will be a dinner at ... on May 4*
on the occasion of ... Can you join us?
I do hope you can make it [15].

3.4 RÉPONSE À UNE INVITATION

ANSWERING AN INVITATION

• **Introduction :**

Introduction :

321 - Dans votre lettre du ..., vous m'invitez à
participer à ... et je vous en remercie.

- *Thank you for your letter of ... in which*
you invite me to participate in ...

322 - Je vous remercie pour votre lettre du ...
m'invitant à faire partie du Comité
d'Organisation du ...

- *Many thanks for your letter of ... inviting*
me to join the Steering Committee of ...

323 - Je vous remercie de l'honneur que vous me
faites en me demandant de participer à ...

- *Thank you very much for the most*
honourable invitation to take part in ...

---

15. ⇔ *I do hope you will be able to accept.*

• **Acceptation :**

324 - C'est avec plaisir que j'accepte votre invitation.

325 - C'est avec un grand plaisir que j'accepte votre aimable invitation.

326 - Je serai particulièrement heureux de participer à l'Ecole d'Eté.

327 - J'assurerai très volontiers la session de l'après-midi.

• **Refus :**

328 - Je suis vraiment désolé de ne pouvoir accepter votre (aimable) invitation.

329 - Je regrette de ne pouvoir venir.

330 - Je regrette beaucoup mais il ne m'est pas possible de venir à la réunion du 3 juin.

331 - Je regrette de ne pouvoir vous rencontrer ...

332 - Je suis désolé, mais il m'est tout à fait impossible de prendre part à ...

333 - Je regrette de ne pouvoir accepter votre invitation à présenter une conférence sur ..., mais mes engagements ne me permettent pas de ...

334 - Je vous remercie de votre invitation à présider une session du congrès. Malheureusement, je suis retenu par d'autres engagements et je ne pourrai pas assister à la réunion.

Acceptance :

- *I am delighted to accept your invitation.*

- *It is a great pleasure for me to accept your kind invitation.*

- *I will be delighted to contribute to the Summer School.*

- *I will be very pleased to be in charge of the afternoon session.*

Refusal :

- *I am very sorry to have to refuse your (kind) invitation.*

- *I am sorry but I simply cannot come.*

- *I am very sorry but it is not possible for me to attend the meeting on June 3.*

- *I regret not being able to meet you ...*

- *I am sorry but it is quite impossible for me to participate in ...*

- *Regrettably I must refuse your offer to present a paper on ..., but my commitments do not allow me to ...*

- *Thank you for your invitation to act as session chairman at the Conference. Unfortunately, due to other commitments I will not be able to attend the meeting.*

335 - En espérant que cela ne posera pas trop de problèmes, ... (+ formule de politesse)

- I hope this does not cause a serious problem.

3.5 EXCUSES/MALENTENDU

APOLOGIES/MISUNDERSTANDING

• **Pour justifier un retard :**

Justifying a delay :

336 - Je vous prie d'excuser ma réponse tardive à votre lettre du ...

- I must apologize for the delay in replying to your letter of the ...

337 - Je suis désolé de n'avoir pu vous envoyer les renseignements plus tôt, mais ils ne nous sont parvenus que la semaine dernière.

- I apologize for not having sent you the information earlier, but we received it only last week.

338 - La raison de mon retard tient au fait que le traitement des données prend beaucoup plus de temps que prévu.

- The reason for the delay is that the data processing is taking considerably longer than I anticipated.

339 - Il se trouve que mes occupations ne m'ont pas permis de vous envoyer en temps voulu mon rapport sur la publication de Smith.

- A busy schedule prevented me from sending you my comments on the paper by Smith in due time.

• **S'il y a eu confusion :**

In case of confusion :

340 - Il semble qu'il y ait eu confusion à propos de ...

- There appears to be some confusion about ...

341 - Je crains qu'il n'y ait eu une légère méprise au sujet de ...

- I fear that there has been a slight misunderstanding concerning ...

342 - Si je vous écris aujourd'hui, c'est pour vous présenter mes excuses pour le rôle que j'ai pu involontairement jouer dans cette situation confuse.

- My reason for writing to you is to offer apologies for the part I unwittingly may have played in this confusing situation.

343 - Je ferai tout mon possible pour atténuer ...

- I shall do everything to minimize ...

• **Réponse négative** (voir aussi § 2.2) :

Negative reply (see also § 2.2) :

344 - J'ai le regret de vous informer que nous ne pourrons prendre part à l'enquête prévue le ...

- *I am sorry to inform you that we shall be unable to participate in the survey to be held on ...*

345 - Je regrette de ne pouvoir vous donner l'information que vous recherchez.

- *I regret that I am unable to give you the information requested.*

346 - Je suis désolé de ne pouvoir vous préciser la date exacte de la réunion.

- *I am sorry but I am unable to give you a precise answer as to the date of the meeting.*

347 - Je regrette de ne pouvoir donner suite à votre offre.

- *I am sorry that I cannot avail myself of your offer.*

348 - Je regrette vraiment de ne pouvoir donner suite à votre proposition.

- *I am very sorry but I cannot accept your proposal.*

349 - Après réflexion, je regrette de ne pouvoir vous proposer un expert qualifié.

- *After consideration, I regret that I cannot help you find a qualified expert.*

• **Essayer d'offrir une alternative :**

Try to offer an alternative :

350 - J'ai tout de même transmis votre lettre au Prof. ... qui pourrait être intéressé par ...

- *Nevertheless, I have forwarded your letter to Prof. ... who may be interested in ...*

351 - Toutefois, si vous désirez reconsidérer le projet, je serais heureux de ...

- *However, if you would like to reconsider the project, I would be happy to ...*

352 - Néanmoins, je vous suggère de prendre contact avec ...

- *But I suggest you contact ...*

353 - Cependant, si vous pouviez soumettre un projet plus détaillé, je serais très heureux d'en discuter avec vous.

- *However, if you could submit a more detailed project, I would be pleased to discuss the matter with you.*

3.6 RÉUNIONS

MEETINGS

354 - Je vous écris au sujet d'une réunion que vous avez organisée il y a quinze jours.

- *I am writing about a meeting you arranged two weeks ago.*

355 - Je suis ravi d'apprendre que vous serez à Paris le 5 juin et j'espère vous y rencontrer afin que nous puissions discuter de ...

- *I am delighted that you are coming to Paris on June 5, and I hope to see you there to discuss ...*

• Annonce :

Announcement :

356 - Vous trouverez ci-jointe l'annonce de la prochaine réunion de la Société Européenne de Physique qui se tiendra à Lyon, le 20 avril.

- *Please find enclosed the poster announcing the next meeting of the European Physical Society to be held in Lyon, on April 20.*

357 - Nous vous serions reconnaissants de bien vouloir afficher cette annonce dans votre établissement/service de manière à ce que vos collègues puissent en prendre connaissance.

- *We would appreciate it if you could display this announcement in your institute/ department so that your colleagues can see it.*

• Fixer un rendez-vous :

To make an appointment :

358 - Je serai à Strasbourg le 7 mai et vous téléphonerai à mon arrivée pour que nous prenions rendez-vous.

- *I shall be in Strasbourg on May 7. I shall call you on my arrival to arrange an appointment.*

359 - Afin que nous puissions en discuter, puis-je vous proposer la deuxième semaine de mars si cela vous convient?

- *In order to discuss the matter, may I suggest sometime during the second week of March if this is convenient for you?*

360 - Je voudrais discuter avec vous de quelques points concernant votre thèse. Pourriez-vous passer me voir jeudi prochain à 14h30?

- *I am very interested in discussing some points of your thesis with you. Could you come next Thursday at 2 :30 p.m.?*

• Demander un rendez-vous :

Asking for an appointment :

361 - Je vous saurais gré de bien vouloir m'accorder un rendez-vous.

- *I would be grateful for an appointment.*

362 - Je serai à Londres pour quelques jours le mois prochain et je me demandais si je pourrais vous voir pendant mon séjour.

- *I am spending a few days in London next month and I wonder if I might see you while I am there.*

363 - Auriez-vous un moment à m'accorder entre le mercredi 3 et le vendredi 5?

- *Is there any time between Wednesday 3rd and Friday 5th that is convenient for you?*

• **Report, annulation :**

Postponement, cancellation :

364 - La réunion est reportée à une date ultérieure. Nous vous avertirons dès que possible de la nouvelle date.

- *The meeting has been postponed. You will be advised in due course of the new date.*

365 - Pour des raisons indépendantes de notre volonté, la réunion qui était prévue le ... a été annulée.

- *Due to circumstances beyond our control, the meeting which was arranged on ... has been cancelled.*

366 - Je suis vraiment désolé, mais un engagement préalable m'empêche de venir le ...

- *I am very sorry that I cannot come on ... This is due to a prior engagement.*

367 - Serait-il possible de nous rencontrer plutôt le ...?

- *Would it be convenient to meet on ... instead?*

• **Réponse à une demande d'entretien :**

In reply to a request for an appointment :

368 - Il y a quelque temps, vous m'avez écrit pour me demander un entretien ...

- *Some time ago you wrote to me to ask for an interview ...*

• **Demander confirmation :**

Asking for a confirmation :

369 - Pourriez-vous appeler le secrétariat du laboratoire pour lui faire savoir si la date vous convient?

- *Could you please ring the secretary of the lab. and let her know whether the date is convenient for you?*

4 - CONGRÈS
Conferences

4.1 ORGANISATION DE CONGRÈS   *CONFERENCE ORGANIZATION*

Le contenu du fascicule qui est diffusé lors de l'organisation de congrès regroupe en principe les informations suivantes :

370 - Sur le congrès *(cf § 4.1.1 et 4.1.2)* — *About the conference*

371 - Programme technique *(cf § 4.2)* — *Technical Programme*

372 - Planification — *Schedule*
373 - Conférences — *Papers*

374 - Informations utiles *(cf § 4.3)* — *Useful information*

375 - Lieu — *Location*
376 - Accès — *Access*
377 - Transports — *Transportation*
378 - Inscription — *Registration*
379 - Hébergement — *Accommodation*
380 - Supports visuels — *Visual aids*
381 - Actes du congrès — *Conference proceedings*
382 - Divers — *Miscellaneous*
383 - Activités — *Social activities*
384 - Excursions — *Excursions*
385 - Messagerie — *Message centre* [16]
386 - Téléphones utiles — *Useful telephone numbers*
387 - Paiement — *Payment*
388 - Annulations — *Cancellations*
389 - Assurance — *Insurance*

390 - Plan de la ville — *Map of the town*

---

16. Centre = $\begin{cases} Centre \ ^{GB} \\ Center \ ^{US} \end{cases}$

4.1.1 Annonce :

391 - Notre XVᵉ assemblée générale se tiendra
à ..., du ... au ...

392 - Nous avons l'honneur d'organiser la
prochaine assemblée générale à Paris, en
août, et nous allons tout mettre en oeuvre
pour que cet événement soit réussi.

393 - Nous comptons sur vous.

394 - Nous vous invitons à participer à ce congrès
qui s'annonce comme un événement
scientifique marquant dans le domaine
de ... et des sujets connexes.

395 - Nous vous invitons à vous joindre à nous
pour un congrès international sur ...

396 - Le congrès est parrainé par ...

397 - Le congrès est organisé par ...

398 - Le programme scientifique se déroulera
du ... au ...

399 - Le programme final des sessions sera publié
après sélection des communications.

400 - Le comité scientifique est composé des
personnes suivantes : ...

401 - La participation au congrès sera limitée
à 150 personnes.

Announcement :

- *Our XV Annual General Assembly will
be held in ..., from ... to ...*

- *We have the honour of hosting the next
General Assembly in Paris, in August,
and we will do our best to make it an
unforgettable event.*

- *We are counting on you.*

- *We invite you to attend this conference
which promises to be an outstanding
scientific event in ... and related topics.*

- *We invite you to join us in an international
congress on ...*

- *The conference is sponsored by ...*

- *The conference is organized by ...*

- *The scientific programme will run from ...
to ...*

- *The final programme of the session will be
published after the selection of the papers.*

- *The Scientific Committee comprises : ...*

- *Attendance at the conference will be
limited to 150.*

4.1.2 Domaines d'intérêt :

Areas of interest :

402 - Le congrès couvrira tous les aspects du ...

- *The conference will cover all aspects of ...*

403 - Le séminaire présentera les différents aspects de ...

- *The workshop will present the various aspects of ...*

404 - Les principaux thèmes seront : ...

- *The main topics will be ...*

405 - Les sujets retenus pour le congrès sont les suivants : ...

- *The topics chosen for the conference are as follows : ...*

406 - L'objectif du congrès est d'offrir un contexte propice à la discussion sur les nouvelles évolutions dans le domaine de ... et de ses applications.

- *The objective of the conference is to provide an atmosphere for discussion of new trends in the area of ... and its applications.*

407 - Plus de vingt conférences couvriront des sujets variés allant du ... au ...

- *More than twenty conferences will cover a variety of subjects ranging from ... to ...*

408 - Il est prévu trois ateliers destinés à aborder de façon concrète ...

- *Three workshops offering a hands-on approach to ... are planned.*

409 - Ce symposium est un forum unique qui permettra la rencontre des communautés scientifiques et techniques travaillant sur le développement et les applications de tout ce qui concerne ...

- *This symposium is a unique forum for interaction among the scientific and technical communities dealing with the development and applications of all aspects of ...*

410 - L'exposition, organisée conjointement avec les cours d'initiation et de perfectionnement, donnera l'occasion aux ingénieurs et aux chercheurs de s'initier aux nouvelles techniques et d'améliorer les réalisations expérimentales, les développements industriels, et la conception d'équipement.

- *The exhibition will be held jointly with introductory and advanced tutorials. It will provide engineers and researchers with the opportunity to learn about new techniques and to improve experimental setups, manufacturing processes, and equipment design.*

4.1.3 Secrétariat :

411 - Le secrétariat du congrès se trouve à l'adresse suivante : ...

412 - On peut joindre le secrétariat au numéro suivant : ...

413 - Toute la correspondance relative aux inscriptions au congrès ainsi qu'à l'hébergement, doit être envoyée à : ...

414 - N'hésitez pas à appeler l'un des responsables du séminaire si vous avez besoin d'aide pour organiser votre voyage.

Secretariat :

- The conference secretariat is located at the following address : ...

- The secretariat can be contacted at the following number : ...

- All correspondence referring to registration for the conference as well as accommodation must be sent to : ...

- Please call any member of the workshop committee if you need help in planning your trip.

4.2 APPEL AUX COMMUNICATIONS

CALL FOR PAPERS

• Général :

415 - Nous sollicitons des communications présentant des recherches originales dans les domaines du ...

416 - Votre participation sera la bienvenue et nous vous invitons, ainsi que vos collègues travaillant dans les domaines décrits ci-dessus, à présenter une communication.

417 - Les personnes souhaitant participer à ce congrès sont invitées à soumettre un résumé de deux pages des communications qu'elles désirent présenter.

418 - Les auteurs sont invités à soumettre un résumé de 500 mots, dans les domaines appropriés.

General :

- Original research papers in the areas of ... are sought.

- We welcome your participation and invite you and your colleagues working in the above areas to submit a paper.

- Anyone who wishes to participate in the congress is invited to submit a two-page abstract of the papers they wish to present.

- Authors are invited to submit a 500-word abstract, in the appropriate areas.

419 - Le comité technique sélectionnera le programme final.

- *The Technical Programme Committee will select the final programme.*

420 - Le comité évaluera aussi les propositions sur les thèmes relevant de ...

- *The committee will also assess all papers relating to ...*

421 - La participation sera effective sous réserve de la réception, avant le 15 mars, des 4 pages du texte imprimé de la conférence.

- *Participation in the programme will be accepted only on receipt of the 4-page camera-ready paper by 15 March.*

422 - Deux copies du résumé de la conférence doivent être soumises au président du programme technique.

- *Two copies of the paper abstract should be submitted to the Technical Programme Chairman.*

423 - Une autre copie du résumé doit être envoyée au président du Comité concerné seulement.

- *Another copy of the abstract should be sent to the appropriate Committee Chairman.*

424 - Deux types de conférences sont prévues :

- *Two kinds of lectures are planned :*

425 - Les conférences habituelles nécessitant environ trente minutes de présentation;

- *Regular papers requiring approximately thirty minutes for presentation;*

426 - celles-ci paraîtront en entier (jusqu'à six pages) dans les actes du colloque.

- *these will be reproduced in full (up to six pages) in the conference proceedings.*

427 - Les conférences courtes, d'une durée de quinze minutes environ;

- *Short papers suitable for a presentation of approximately fifteen minutes;*

428 - les résumés limités à une page seront publiés dans les actes.

- *one-page summaries of these papers will be published in the proceedings.*

• **Critères de sélection :**

Selection criteria :

429 - Les auteurs sont invités à soumettre des communications sur les nouvelles avancées, et les applications dans le domaine du ...

- *Authors are invited to submit papers describing new advances and applications in ...*

430 - Les communications seront sélectionnées selon leur originalité et leur nouveauté.

- Papers will be selected on the basis of originality and innovation.

431 - Les communications seront publiées dans un numéro spécial.

- Papers will be published in a special issue.

432 - Le comité scientifique sollicite des communications présentant des recherches originales ou des innovations technologiques concernant les thèmes suivants : ...

- The Scientific Committee is calling for papers presenting new research results or technological innovations concerning the following themes : ...

EXPERTISE DES CONFÉRENCES → voir § 7.4

• Dates limites :

Deadlines :

433 - Les auteurs seront informés de l'acceptation ou du refus de leur texte au plus tard le 15 janvier.

- Authors will be notified of the acceptance or refusal of their paper no later than January 15.

434 - La version définitive devra parvenir au comité scientifique avant le 15 janvier.

- The camera-ready version must reach the Scientific Committee before January 15.

435 - Le planning des auteurs est le suivant :
• soumission de trois copies d'un résumé de deux pages avec le nom des auteurs, leurs adresses et affiliations (10 décembre)
• avis d'acceptation (15 janvier)
• envoi des textes définitifs (15 mars)

- The schedule for the author is :
• submission of three copies of a two-page abstract with the authors' name, address and affiliations (10 December)
• notification of acceptance (15 January)
• mailing of camera-ready paper (15 March)

SOUMETTRE UNE COMMUNICATION → voir § 7.1

• Conférence acceptée :

Accepted paper :

436 - Votre conférence a été acceptée pour une présentation au congrès ... Toutes nos félicitations.

- Congratulations on having your paper accepted for presentation at the ... Conference.

437 - Votre conférence intitulée «...» a été programmée pour la deuxième session sur ... qui aura lieu le 17 novembre.

- *Your paper entitled "..." has been assigned to Session 2 on ... which will be held on November 17.*

438 - La qualité du congrès dépend du soin que les auteurs apporteront à la préparation de leur conférence.

- *The quality of the conference is determined by the author's painstaking preparation of the paper.*

439 - Vous trouverez ci-jointes les instructions et les fournitures nécessaires à la préparation de votre publication et à la présentation de votre conférence.

- *The enclosed kit contains all the instructions and materials to assist you with the preparation of both your paper and your presentation.*

440 - Les textes Bons A Graver devront parvenir à l'éditeur avant le 15 mars.

- *Your camera-ready mats should reach the printer by March 15.*

441 - Le président de votre session devra avoir reçu un projet de vos supports visuels avant le 30 mai.

- *Your session chairman should receive drafts of your visual aids by May 30.*

442 - Merci d'avance pour votre contribution au succès du congrès.
Dans l'attente de vous rencontrer à Paris, ...

- *We thank you in advance for your efforts to make the conference a success, and we look forward to seeing you in Paris.*

• **Conférence refusée :**

Rejected paper :

443 - Nous regrettons de vous informer que votre conférence n'a pas été retenue.

- *We regret to inform you that your paper has been rejected.*

444 - Les réponses aux invitations et à l'appel aux communications ont été bien supérieures au nombre de conférences pouvant être organisées dans le cadre du congrès, et de nombreuses propositions ont dû être rejetées.

- *Response to the invitations and call for papers was tremendous. It has by far exceeded the number of papers which can be dealt with by the conference, and many papers had to be rejected.*

4.3 INFORMATION AUX PARTICIPANTS

INFORMATION FOR PARTICIPANTS

445 - Cette lettre a pour objet de vous fournir les renseignements nécessaires pour effectuer vos réservations.

- *The purpose of this letter is to provide you with the relevant information to help you make your final arrangements.*

446 - Vous trouverez sous ce pli le programme final du congrès et des brochures d'information sur la ville.

- *Please find enclosed the final schedule of the conference and literature on the town.*

4.3.1 Lieu :

Location :

447 - Le colloque se tiendra au Centre des Congrès à Paris.

- *The conference will be held at the 'Centre des Congrès' in Paris.*

448 - Le Centre des Congrès est situé à l'angle de la rue ... et du boulevard ..., juste derrière le jardin ....

- *The "Centre des Congrès" is located at the corner of ... Street and ... Boulevard, immediately behind ... Gardens.*

449 - Les sessions auront lieu dans les salles A240 et B312.

- *The sessions will be held in rooms A240 and B312.*

• Accès au site :

Access to the conference site :

450 - Ci-joint un plan d'accès au site en voiture.

- *Enclosed are directions to the conference site by car.*

451 - Un car pour le Centre des Congrès quittera l'entrée principale de l'hôtel le matin à 7h45.

- *Buses to the Congress Centre will leave from the front entrance of the hotel each morning at 7 :45.*

452 - Des navettes sont prévues entre les hôtels et le site du congrès.

- *A shuttle service will be provided between the hotels and the conference site.*

453 - Pour le retour, le car quittera le Centre des Congrès à 17h30.

- *On the return journey, the bus will leave the Congress Centre at 5 :30 p.m.*

• Navettes :

Shuttle service :

454 - L'accès au Centre des Congrès et aux hôtels est facile aussi bien par l'autoroute que par les transports publics.

- *The Congress Center and hotels can easily be reached by car or public transport.*

455 - Les liaisons avec l'aéroport seront assurées par une navette.

- *Your transportation to and from the airport will be provided by shuttle service.*

456 - Il y a un car direct de l'aéroport à la gare.

- *A direct bus service is provided from the airport to the station.*

457 - De la gare, les autobus 23 et 35 conduisent au Centre des Congrès.

- *From the station, bus lines 23 and 35 take you to the Congress Centre.*

458 - Si vous arrivez en voiture, le Centre des Congrès dispose d'un vaste parking (2 000 places).

- *If you arrive by car, ample parking space (2,000 cars) is available at the Conference Centre.*

459 - Ci-joint un plan des transports publics aller-retour, de l'aéroport à l'hôtel.

- *Enclosed is a guide to public transport services (outward and return journeys) from the airport to the hotel.*

460 - Un taxi coûte environ ... + pourboire : ...

- *A cab will cost about ... + tip : ...*

4.3.2 Inscriptions :

Registration :

461 - Veuillez soumettre ce formulaire accompagné d'un chèque ou d'un mandat d'un montant de 1 000 FF à l'ordre de ... avant le 15 juin.

- *Please submit this form together with a cheque or a money order for FF 1,000 made out to ... before June 15.*

462 - Au-delà de cette date, le montant est fixé à 1 200 FF.

- *After this date, the registration fees will be FF 1,200.*

463 - Les inscriptions aux séminaires et aux conférences auront lieu sur place de 9h30 à 17h00.

- *Tutorial and conference registration will take place at the centre from 9 :30 a.m. to 5 :00 p.m.*

• **Ce qui est inclus :**

What is included :

464 - Les frais d'inscription comprennent les rafraîchissements, les repas, le transport, et les actes du congrès.

- *The conference fees include refreshments, lunch, transport, and the congress proceedings.*

465 - Les droits d'inscription ne comprennent pas les frais de voyage et de séjour.

- *The registration fees do not include travel and hotel expenses.*

• **Rappel :**

Reminder :

466 - Pensez à vous inscrire d'ici le 20 avril.

- *Please remember to register by April 20.*

467 - Veuillez compléter et retourner le formulaire d'inscription ci-joint, si vous ne l'avez pas encore fait.

- *Please complete and return the enclosed registration form if you have not previously done so.*

• **Attestation d'inscription :**

To acknowledge receipt of a registration :

468 - Nous vous confirmons votre inscription au congrès ... à ...

- *This is to confirm your registration for the ... Workshop in ...*

469 - Nous certifions que M. ... est inscrit au Congrès International de Géophysique qui se déroulera à Paris du 10 au 14 mars.

- *This is to certify that Mr. ... is registered for the International Conference on Geophysics which will be held in Paris from March 10 to 15.*

4.3.3 Hébergement (voir aussi § 5.3) :

Accomodation (see also § 5.3) :

470 - Les participants logeront dans des hôtels du centre ville.

- *Participants will stay in downtown hotels.*

471 - Les prix indiqués ci-dessus sont indicatifs, par nuit et par chambre ; ils ne comprennent pas le petit-déjeuner.

- *Above prices are per night, per room and indicative. They do not include breakfast.*

472 - Pour toute information concernant l'hébergement, veuillez contacter : ...

- *For all information concerning accomodation, please contact : ...*

473 - Des informations sur les réservations et les tarifs spéciaux peuvent être obtenus en contactant directement le responsable du comité d'organisation local.

- *Information on accommodation and special rates can be obtained by contacting the Local Organization Committee member directly.*

474 - Si vous vous êtes inscrit, vous devriez avoir reçu confirmation de l'hôtel. Si ce n'est pas le cas, veuillez contacter ...

- *If you have registered, you should have received confirmation from the hotel. If not, please contact ...*

• **Réservation** (voir aussi § 5.4) :

Booking accomodation (see also § 5.4) :

475 - Un nombre limité de chambres est réservé à l'hôtel ... à des tarifs réduits jusqu'au 15 mai.

- *A limited number of rooms is reserved at the ... Hotel at reduced rates until May 15.*

476 - Après cette date, les réservations dépendront de la disponibilité.

- *After this date, reservations will depend upon availability.*

477 - Passé la date du 15 avril, nous ne pouvons assurer les réservations.

- *After April 15, we cannot guarantee accomodation requests.*

478 - Nous ferons néanmoins tout notre possible pour vous satisfaire dans la mesure des places disponibles.

- *However we will, of course, do the maximum in respect of the vacancies.*

479 - Les demandes seront traitées au fur et à mesure de leur arrivée et dans la limite des possibilités offertes.

- *Requests will be satisfied in the order of their receipt and within the reservation possibilities offered.*

480 - Les prix sont donnés à titre purement indicatif.

- *Prices are given purely as an indication.*

481 - Les inscriptions seront prises au fur et à mesure de l'arrivée des formulaires de réservation.

- *Registration will be carried out progressively with the reception of forms.*

482 - Aucune réservation ne pourra être prise en considération si elle n'est pas accompagnée du règlement correspondant.

- *No reservation will be made if the present form is not accompanied by the corresponding amount.*

483 - Nous vous conseillons de faire vos réservations dès que possible.

- *We recommend you make your reservation as soon as possible.*

● **Arrhes :**

Deposit :

484 - Les réservations d'hôtel ne seront confirmées qu'après réception du montant des arrhes.

- *Hotel reservations cannot be confirmed until the hotel deposit has been received.*

485 - Pour être prise en compte, la réservation d'hôtel doit être accompagnée du montant de 250 FF, quel que soit le nombre de nuitées et d'occupants.

- *To be effective, the hotel reservation must be accompanied by a deposit of FF 250, whatever the number of nights and occupants.*

● **Rappel :**

Reminder :

486 - Veuillez retourner sans délai le formulaire de réservation d'hôtel ci-joint, dûment rempli, si vous ne l'avez pas encore fait.

- *Please immediately return the enclosed hotel booking form, duly completed, if you have not already done so.*

4.3.4 Supports visuels :

Visual aids :

487 - Etant donné l'importance de l'assistance, il est essentiel que tous les supports visuels soient préparés selon les normes définies.

- *It is important that all visual aids be prepared correctly, since audiences are large.*

488 - Un rétroprojecteur, un projecteur de diapositives standard, et le matériel de présentation des posters seront à la disposition des orateurs.

- *An overhead projector [17], a standard slide projector, and poster set-up materials will be available for paper presentations.*

489 - L'équipement standard disponible comprend un lutrin, un microphone-cravate, un projecteur, un pointeur, un projecteur de diapositives 2 × 2 35 mm avec plateau et écran, et des haut-parleurs.

- *Standard equipment available includes a lectern, around-the-neck microphone, view-graph projector, light pointer, 2 × 2 35 mm slide projector with tray and screen, and a loud-speaker system.*

490 - N'hésitez pas à me contacter ou à contacter n'importe quel membre du comité organisateur si vous avez besoin d'un matériel particulier.

- *If you need special aids, please contact me or any of the workshop committee members.*

491 - Merci de me faire savoir au plus tôt si vous aurez besoin d'un équipement audio-visuel spécial pour votre présentation.

- *I will also need to know very soon if you require any non-standard audio-visual equipment for your presentation.*

492 - Si vous avez besoin d'équipement autre que ceux mentionnés ci-dessus, veuillez me le faire savoir dans la première semaine de mai. Vous pouvez me joindre au numéro ...

- *Should you need equipment other than the above, please let me know in the first week of May.*
  My telephone number is ...

4.3.5 Actes du congrès :

Conference proceedings :

493 - Les frais d'inscription comprennent un exemplaire des actes.

- *Conference fees include a copy of the proceedings.*

---

17. Souvent abrégé *OHP*.

494 - Chaque participant recevra un exemplaire des actes du congrès comprenant les textes des conférences ainsi que le programme final.

- *Each participant will receive a copy of the conference proceedings containing the texts of the conferences as well as the final programme.*

495 - Des exemplaires des actes du congrès seront à la disposition des congressistes.

- *Copies of the proceedings of the conference will be made available to all participants.*

496 - Des bons de commande seront disponibles sur demande.

- *Order forms will be available on request.*

4.3.6 Divers

Miscellaneous

• **Langue de travail :**

Working language :

497 - Les publications, communications et débats auront lieu en anglais, langue de travail du colloque.

- *The working language of the conference is English which will be used for all printed material, presentations and discussions.*

498 - La langue de travail du congrès sera l'anglais, avec une traduction simultanée en français et en allemand.

- *The working language of the conference will be English. Simultaneous translation will be provided in French and German.*

• **Apéritif :**

Cocktail party :

499 - Un apéritif aura lieu à 18h00 le 16 juin.

- *A cocktail party will be held at 6 :00 p.m. on June 16.*

500 - Des tickets sont disponibles au secrétariat au prix de 25 FF l'unité.

- *Vouchers are available from the secretariat at a cost of FF 25 each.*

501 - Veuillez indiquer sur le bulletin d'inscription le nombre de personnes qui participeront à l'apéritif.

- *Please indicate on the registration form the number of people who will be attending the party.*

502 - Vos invités seront les bienvenus.

- *Guests are welcome.*

• **Repas :**

503 - Tous les repas pourront être pris au
Centre du Congrès ou aux restaurants
voisins.

Meals :

- *All meals will be available at the Congress
Centre and nearby hotels.*

• **Rafraîchissements :**

504 - Des rafraîchissements seront servis le
matin et l'après-midi aux heures indiquées
dans le programme.

Refreshments :

- *Morning and afternoon refreshments will
be served each day at the times shown in
the programme.*

• **Messages :**

505 - Les messages destinés aux participants
seront affichés près du secrétariat.

Message Centre :

- *Messages sent to participants will be
displayed near the secretariat.*

• **Excursions :**

506 - Une excursion d'une journée est prévue à ...
comprenant une visite au musée ...

Excursions :

- *A day trip is planned to ... with a
visit to ... museum.*

507 - Le prix, comprenant le guide, le transport
én car de tourisme, les entrées et le repas,
sera de 250 FF par personne.

- *The price, including guided tour by
coach, entrance fees, and lunch,
will be FF 250 per person.*

508 - Pour faciliter votre séjour, nous vous
proposons un passeport comprenant ...

- *To help during your stay, we propose you
a passport including ...*

• **Paiement :**

509 - Le règlement des inscriptions se fera en
francs français, avant le congrès, par carte
de crédit ou mandat international établi
à l'ordre de ...

Payment :

- *Registration fees will be payable in French
Francs prior to the conference, by credit
card or foreign money order payable to ...*

510 - Le paiement peut s'effectuer par chèque à l'ordre de ... ou par virement bancaire à la Banque ...

- Payments should be made by cheque to the order of ... or by bank transfer to ... Bank.

• Annulation :

Cancellations :

511 - En cas d'annulation, et sous réserve de notification 8 jours avant la manifestation, il sera remboursé 75% des frais d'inscription.

- If you cannot attend, you will be refunded 75% of the registration fee provided we have been notified in writing at least 8 days before the event.

512 - Si aucune notification d'annulation n'est parvenue le ..., aucun remboursement ne pourra être effectué.

- If no notice of cancellation is received by ..., no refund can be made.

513 - Aucun remboursement ne sera accordé en ce qui concerne les repas.

- No refunds can be made for meals.

• Réductions :

Reductions :

514 - Les auteurs et co-auteurs participant au congrès bénéficieront d'une réduction sur les droits d'inscriptions aux conférences.

- Authors and co-authors who attend the conference are entitled to a discount on conference registration fees.

515 - Les étudiants pourront bénéficier d'une réduction sur les droits d'inscription en joignant une photocopie de leur carte d'étudiant au bulletin d'inscription.

- Students may benefit from a reduction in the conference registration fees by sending a photocopy of their student card[18] together with the registration form.

---

18. *ID[US] = Identification card.*

• **Assurance :**	*Insurance :*

516 - Les organisateurs ne pourront être tenus pour responsables en cas d'accidents, dommages ou pertes pouvant survenir aux biens personnels des congressistes, quelle qu'en soit la cause.

- The organizers will not be responsible for the participants' personal belongings in the event of accident, damage or loss, for whatever reason.

517 - Il est donc conseillé aux participants de prendre une assurance personnelle.

- Participants are therefore advised to take out private insurance.

4.4 LEXIQUE

VOCABULARY

– actes (du congrès)	*– proceedings*
– appel aux communications	*– call for papers*
– atelier	*– workshop*
– colloque	*– colloquium*

– comité, conseil, commission.
   - comité d'organisation
	– committee
	   - steering committee

– conférence
 	
   - tenir une conférence
   - faire une conférence
	– { conference / lecture
	
	   - to hold a conference
	   - to give a lecture

– congrès	*– { congress / conference*
– droits d'inscription	*– { registration / entrance } fees*
– exposition (internationale)	*– (international) exhibition*

– nom	– { name / full name }
- nom de famille	- { surname *GB* / last name *US* }
- prénom	- first name
– participant	– participant
– participer à une réunion	– { to take part in / to attend } a meeting
– présenter une communication orale	– to present a paper
– programme	– { programme *GB* / program *US* }
– remplir un formulaire	– { to complete / to fill in } a form
– salle d'exposition	show-room
– séminaire (d'études)	– seminar
– symposium	– symposium

4.5 LE PRÉSIDENT DE SESSION

THE CHAIRMAN

4.5.1 Inviter quelqu'un à présider une session

Inviting someone to chair a session

518 - En tant que président du congrès, j'ai le plaisir de vous inviter à faire partie du comité de programme, et à présider une des sessions.

- *As Conference Chairman I would like to invite you to be a member of the Programme Committee and to chair one of the programme sessions.*

519 - Comme président de session et membre du comité de programme, vous aurez à superviser :

- As session chairman and Programme Committee member, it will be your responsability to supervise :

520 - La participation au congrès.

- The conference attendance.

521 - La sélection des communications de votre session et des conférenciers.

- The selection of papers and speakers for your session.

522 - L'évaluation des résumés, pour déterminer lesquels seront retenus dans les sessions scientifiques ou dans les sessions de posters, et lesquels seront rejetés.

- The assessment of abstracts, to determine which papers will be used in either the scientific session or the poster session, and which ones will be rejected.

523 - Si le nombre des résumés soumis sur un sujet donné est insuffisant, il sera demandé aux présidents de proposer des conférenciers capables de compléter la session.

- Should there be an insufficient number of abstracts submitted on a particular topic, the chairmen will be asked to propose additional speakers.

524 - L'évaluation des résumés par un président de session permettra à celui-ci de jouer un rôle effectif dans la définition du contenu, de la qualité et de l'organisation de la session.

- The review of abstracts by a session chairman will enable him to play an active role as to the contents, quality, and organization of his session.

525 - Je suis convaincu du rôle important que vous pourrez jouer au sein du comité de programmes et que vous contribuerez ainsi au succès du congrès.

- I am sure you can play an important role on the programme committee and contribute to the conference's success.

RÉPONSE À UNE INVITATION → voir § 3.4

ANSWERING AN INVITATION → see § 3.4

4.5.2 Lettre aux conférenciers

Letter to the speakers

• **Introduction :**

Introduction :

526 - Je suis chargé d'assurer la présidence de la session du mercredi après-midi du Congrès ... qui a lieu à Grenoble du ... au ...

- I will be chairing the Wednesday afternoon session at the ... Conference, which will be held in Grenoble, from ... to ...

• **Organisation de la session :**

Session schedule :

527 - Notre session est prévue le 4 juin à 14h00. et le temps imparti pour chaque présentation est de 15 minutes.

- Our session is scheduled for June 4 at 2 :00 p.m. and the time allowed for each presentation is 15 minutes.

528 - Veuillez me faire savoir qui, de vous ou de vos co-auteurs, présentera la conférence.

- Please let me know which author will be presenting the paper.

529 - S'il y a plusieurs auteurs, veuillez me faire savoir lequel participera aux débats.

- If several authors are involved, please let me know which author will be participating in the discussions.

530 - Veuillez m'envoyer une copie de votre conférence d'ici le 30 septembre.

- Please send me a copy of your paper by Sept. 30.

531 - Si nous n'avons rien reçu à cette date, nous considèrerons que vous annulez votre présentation, et elle ne pourra paraître dans le programme final.

- If we do not hear from you by that date, we will assume that your paper has been withdrawn and therefore it will not be included in the final programme.

532 - La session prévoit une présentation de posters d'une heure, suivie d'une heure de débats dans la salle du séminaire.

- This session is structured around a one-hour poster presentation followed by a one-hour discussion in the seminar room.

• **Instructions :**

Directions :

533 - Vous devez rester près de votre poster durant toute la durée de la session.

- *You should stand next to your poster for the entire duration of the session.*

534 - Lorsque des personnes s'approcheront de votre poster, demandez leur s'ils ont des questions, ou s'ils désirent un bref résumé de la communication.

- *When people come close to your poster, ask them whether they have any questions or wish to have a brief summary of the paper.*

535 - Veuillez préparer votre poster selon les normes de présentation de la conférence que vous trouverez ci-jointes.

- *Please prepare your poster according to the enclosed conference presentation standards.*

• **Supports visuels** (voir aussi § 4.3.4) :

Visual aids (see also § 4.3.4) :

536 - Lorsque vous aurez complété vos transparents et diapositives, vous voudrez bien m'en faire parvenir une copie.

- *When you have completed your view-graphs and slides, please send me a copy.*

537 - Ce sera la seule information autre que les titres dont je disposerai concernant les présentations.

- *Apart from the titles, it will be the only information I will have on the presentations.*

538 - Si vous l'estimez nécessaire vous pouvez apporter quelques transparents (basés sur votre poster) pour les discussions.

- *You may find it necessary to bring some view-graphs (based on your poster) for discussion.*

• **Conclusion :**

Conclusion :

539 - Je vous contacterai avant la réunion et serai heureux de vous voir en avril à Paris.

- *I will be in contact with you prior to the meeting and look forward to seeing you in April in Paris.*

5 - RÉSERVATIONS
Booking [19]

---

19. Réservation = $\begin{cases} \text{Booking } ^{GB} \\ \text{Reservation } ^{US} \end{cases}$

5.1 PRÉPARER UN VOYAGE

TRAVEL ARRANGEMENTS

• **Projets :**

Plans :

540 - Je pense me rendre à New York en avion.

- *I am planning to fly to New York.*

541 - J'envisage de me rendre à New York pour affaires, le 2 octobre prochain.

- *I plan to go to New York on business on 2nd October.*

542 - Je vous écris pour organiser mon prochain voyage à New York.

- *I am now writing to finalize travel plans for my forthcoming trip to New York.*

• **Accueil :**

Reception :

543 - Nous vous attendrons à l'aéroport.

- *We shall meet you at the airport.*

544 - Le train arrive à 16h00. Nous irons vous chercher à la gare.

- *The train is due at 4 :00 p.m.[20]. We can pick you up at the station.*

545 - Il est prévu qu'une voiture vous attende à l'aéroport.

- *A car will be waiting for you at the airport.*

• **Confirmer son arrivée :**

Confirming one's arrival :

546 - Je vous confirme que j'arriverai à Londres, samedi après-midi, par le vol Panam 295 à 14 heures.

- *I would like to confirm my arrival in London on Saturday afternoon at 2 :00 p.m., Panam Flight 295.*

• **Demander un véhicule :**

Asking for a vehicle :

547 - Mon train part à 11h00. Serait-il possible de m'emmener à la gare ?

- *The train leaves at 11 :00 a.m. Would it be possible to be dropped off at the station ?*

---

20. Rappel : a.m. (ante meridiem) = matin
p.m. (post meridiem) = après-midi.

548 - Je pars à 14h00. Sera-t-il possible de me conduire à l'aéroport?

- *I will be leaving at 2 :00 p.m. Will it be possible to drive me to the airport?*

549 - J'arriverai à 11h20 à Londres mercredi. Pouvez-vous venir me chercher à l'aéroport? Je voudrais discuter du projet avec vous avant la réunion de l'après-midi.

- *I will be arriving in London at 11 :20 Wednesday morning. Could you pick me up at the airport so I can discuss the project with you before the meeting in the afternoon?*

550 - Y a-t-il une navette assurant la liaison entre ... et ...?

- *Is there a shuttle service between ... and ...?*

• **Louer un véhicule** [21] :

Hiring a vehicule :

551 - Je voudrais louer une voiture pour mes déplacements lors de mon séjour à Denver.

- *I would like to hire a vehicle during my stay in Denver.*

552 - Pourriez-vous m'envoyer des renseignements sur les agences et les prix de location?

- *Could you please send me some information on rental agencies and prices?*

5.2 TRANSPORT

TRAVEL

• **Avion :**

Flight :

553 - Je voudrais réserver deux places sur le vol Londres-New-York, le ...

- *I would like to book two seats on a flight to New-York, leaving London on ...*

554 - Veuillez me faire savoir s'il y a des vols directs le mardi.

- *Please let me know whether there are through flights on Tuesdays[22].*

---

21. Louer un véhicule = $\begin{cases} \text{\textit{to hire a vehicle}} \ GB \\ \text{\textit{to rent a car}} \ US \end{cases}$

22. Noter l'emploi du pluriel en anglais lorsqu'il s'agit d'une habitude. Ex. : Ouvert le lundi = *Open on Mondays*.

555 - Je vous serais reconnaissant de bien vouloir me faire les réservations suivantes :
Aller : vol Londres-New York, en fin d'après-midi ou le soir du lundi 27 septembre.
Retour[23] : New York-Paris, vol du matin, le dimanche 3 octobre.

- I would be grateful if you would make the following reservations for me :
Outward : late afternoon or night flight on Monday Sept. 27, London to New York.
Return : morning flight on Sunday 3rd October, New York to Paris.

556 - Je prendrai mon billet à l'aéroport.

- I shall buy my ticket at the airport.

• **Changer une réservation :**

Changing a booking :

557 - Je voudrais avoir la possibilité de changer ma réservation de retour en cas de nécessité.

- I would like to have the possibility of changing my return booking if necessary.

558 - J'ai une réservation pour Londres sur le vol BF412 le lundi 10 octobre. Je dois prolonger mon séjour à Paris et je voudrais prendre le même vol une semaine plus tard, c'est-à-dire le lundi 17 octobre.

- I booked a flight to London on BF412 for Monday October 10. I have to stay a bit longer in Paris and I would like to take the same flight one week later, on Monday October 17.

559 - Je vous serais reconnaissant de bien vouloir faire la modification en conséquence.

- I would be grateful if you could make the necessary modifications.

• **Train :**

Train :

560 - Pourriez-vous me réserver un aller-retour en première classe, compartiment non fumeurs, sur le train Londres-Brighton le 6 octobre, si possible dans la matinée.

- Could you please reserve a return first class, in a non smoking compartment, on the train from London to Brighton on October 6, preferably in the morning.

561 - Je voudrais un aller simple, en 1re classe, pour Londres, le 12 mars.

- I would like one first class single to London on March 12.

---

23. Retour = $\begin{cases} \text{Return } ^{GB} \\ \text{Round trip } ^{US} \end{cases}$

1000 FORMULES

562 - Je voudrais un aller-retour, en seconde, compartiment fumeurs, pour Brighton.

- *I would like a second class return in a smoking compartment to Brighton.*

563 - Pourriez-vous m'indiquer les heures de départ et les tarifs?

- *Could you please give me the departure times and the fares?*

● **Confirmer une réservation :**

Confirming a booking :

564 - Nous vous avons réservé une place pour Boston, sur le vol 144, le ...

- *We have booked a seat for you on [24] flight 144 for Boston, on ...*

565 - Pouvez-vous nous avertir immédiatement d'un éventuel changement dans vos réservations ou d'un désaccord entre cette confirmation et votre réservation initiale.

- *Please notify us immediately of any changes in your travel plans or disagreement between this confirmation and your original booking.*

5.3 LOGEMENT

ACCOMODATION

566 - Je voudrais réserver une chambre simple avec bain pour M. ... qui souhaiterait une chambre sur cour.

- *I would like to book a single room with bath for Mr. ... He would prefer a back room.*

567 - Il espère arriver à 21h00.

- *He hopes to arrive at 9 :00 p.m.*

568 - Je souhaiterais réserver une chambre à deux lits avec douche, pour 6 nuits, du ... au ... inclus, dans un hôtel confortable.

- *I would like to book a twin-bed room with shower for six nights from ... to ... inclusive, in a comfortable hotel.*

569 - Prix maximum 50 £ la nuitée, service compris.

- *Upper price limit £ 50 per night inclusive of charge.*

570 - Je voudrais une chambre double avec vue sur le parc.

- *I would like a double room with a view over the Park.*

---

24. To book $\begin{cases} \textbf{\textit{on}} \text{ a flight} \\ \textbf{\textit{into}} \text{ a hotel} \end{cases}$

571 - ⎫ Puisqu'il faudra que je passe une nuit à
572 - ⎬ Londres, pourriez-vous me donner les
coordonnées d'un hôtel ⎰ de luxe
⎱ à prix raisonnables.

- Since I shall have to stay one night in
London, please inform me of the name
and address of a ⎰ luxury ⎱ hotel.
⎱ reasonably priced ⎰

573 - J'arriverai dans la soirée du lundi 6 avril et
repartirai le jeudi 9 dans la matinée.

- I will arrive on the evening of Monday
April 6 and leave on Thursday, April 9 in
the morning.

• **Recommandation :**

Recommendation :

574 - Je vous écris de la part de mon ami
P. Durand, qui a séjourné dans votre
hôtel plusieurs fois.

- I am writing at the suggestion of my friend
P. Durand, who has stayed at your hotel
several times.

575 - Peut-être vous souvenez-vous que le Prof. ...
a séjourné dans votre hôtel il y a quelques
mois.

- You may remember that Prof. ... stayed
at your hotel a few months ago.

• **Demander confirmation :**

Asking for confirmation :

576 - Merci de bien vouloir confirmer ma
réservation et le prix de la chambre.

- Please confirm my booking and the price
of the room.

577 - Pourriez-vous me faire savoir si vous avez
une chambre qui convient ?

- Will you please let me know whether
you have a suitable room.

578 - J'attends de recevoir les détails des derniers
préparatifs.

- I look forward to receiving details of the
finalized arrangements.

579 - J'attends votre confirmation.

- I am waiting for your early confirmation.

• **Répondre à une réservation :**　　　　*Replying :*

580 - Je vous confirme que nous avons réservé une chambre double avec bain pour M. ... pour les nuits du 3 au 5 octobre inclus, à l'hôtel ...

- *I confirm that we have reserved a double room with bath for Mr. ... for the nights of October 3-5 inclusive, at ... Hotel.*

581 - Nous avons pris les dispositions suivantes pour votre logement lors de la prochaine réunion à Paris : ...

- *We have made the following arrangements for your accomodation during the next meeting in Paris : ...*

582 - Je vous confirme que je vous ai réservé une chambre simple à l'hôtel ... pour les nuits du 7 et du 8 mars.

- *This is to confirm that I have booked a single room for you at the ... Hotel for the nights of 7th and 8th of March.*

En cas de problème :　　　　*In case of trouble :*

583 - J'ai essayé de vous réserver une chambre à deux lits, pour 4 nuits à partir du 9 mai. à l'hôtel ... comme vous le souhaitiez, mais cet hôtel était déjà complet.

- *I tried to reserve of a twin-bed room for 4 nights from May 9 at the ... Hotel as you requested. But all the rooms were already booked at this hotel.*

584 - Nous avons un léger problème pour votre logement à Grenoble. Il y a un important congrès à ce moment là, et les hôtels sont complets.

- *We are having a slight problem with your accomodation in Grenoble. There is a conference at that time and the hotels are full up.*

585 - J'ai donc pris la liberté de vous réserver une chambre à l'hôtel ... pour les 9 et 10 mai.

- *So, I have taken the liberty of booking you into[25] the ... Hotel for the 9th and 10th of May.*

586 - Aussi, je me demandais si vous accepteriez de loger chez moi.

- *Therefore, I wonder whether you would accept staying at my place.*

587 - Ma famille et moi-même serions très heureux de vous héberger.

- *My family and I would be very pleased to have you as our guest.*

---

25. Cf. note 24, p. 67.

Conseils :

588 - Si vous devez arriver après 23h00, veuillez nous le faire savoir dès que possible.

589 - Si vous ne pouvez pas arriver avant 22h00, vous pourrez prendre la clé à l'entrée.

Arrhes :

590 - La réservation ne pourra être confirmée qu'après réception de 200 FF d'arrhes.

591 - La confirmation de la réservation d'hôtel sera envoyée à réception des arrhes.

5.4 FORMULAIRES DE RÉSERVATION

592 - Nom :
Prénom :
Adresse postale :
Code postal :
Ville :
Pays :
Téléphone :

• Logement :

593 - Type de logement :

☐ chambre simple *(prix/nuit)*
☐ chambre double *(prix/nuit)*
☐ chambre à deux-lits

594 - Date d'arrivée :

595 - Date de départ :

Advice :

- *If you plan to arrive after 11 :00 p.m., please let us know as early as possible.*

- *If you are unable to arrive before 10 p.m., you may pick up the key at the entrance gate.*

Deposit :

- *Hotel reservation cannot be confirmed until a deposit of FF 200 has been received.*

- *Hotel confirmation will be sent upon receipt of the deposit.*

FORMS (SAMPLES)

- *Last name :*
First name :
Mailing Address :
Postal code :
City :
Country :
Telephone :

Accomodation :

- *Type of accomodation :*

☐ *single* (price/night)
☐ *double* (price/night)
☐ *twin-bed room*

- *Arrival date :*

- *Check-out date :*

596 - Si vous partagez la chambre avec un participant au séminaire, veuillez indiquer son nom : ...

- If sharing room with workshop attendee, please designate : ...

597 - Maintenir la réservation pour une arrivée tardive (après 22h00).

- Guarantee the room for late arrival (after 10.00 p.m.).

• Prix :

Price :

598 - Le prix est de ... petit-déjeuner compris.

- The price is ... including breakfast.

599 - Les prix s'entendent par jour et par chambre et comprennent le petit-déjeuner continental les taxes et le service.

- All rates are per day and per room, including continental breakfast, taxes and service.

600 - L'hébergement comprend : 2 nuits, 2 petits-déjeuners, 2 déjeuners (boisson non comprise).

- The price of the accomodation includes : 2 nights, 2 breakfasts, 2 lunches (exclusive of drink).

601 - Les prix indiqués sont par chambre et non par personne.

- Prices stated are per room, not per person.

• Paiement :

Payment :

602 - Chèque bancaire à l'ordre de ...

- Bank cheque made out to ...

603 - Carte de crédit : Visa/Master/Euro n° : Date d'expiration :

- Credit card : Visa/Master/Euro no : Expiration date :

604 - Virement bancaire à ..., compte n° ...

- Bank transfer to ..., account no ...

• Déjeuners :

Lunches :

605 - Afin d'organiser les déjeuners, veuillez nous signaler tout régime alimentaire particulier.

- In order to plan lunches, we need to know of any special dietary needs.

606 - Si vous préférez un menu végétarien, ou si vous suivez un régime précis, veuillez me retourner ce formulaire à l'adresse indiquée ci-dessus.

- If you would prefer vegetarian meals or if you have dietary restrictions, will you please return this form to me at the address indicated above.

607 - Nom :
    Nombre de personnes :
    Vegetarien : oui/non
    Régime alimentaire : à détailler SVP.

- Name :
*   Number of persons :*
*   Vegeterian : Yes/No*
*   Dietary restrictions : Please explain.*

• Questionnaire logement :

Housing questionnaire :

608 - Merci de remplir le questionnaire logement afin que nous puissions vous trouver un logement répondant au mieux à vos souhaits.

- Thank you for filling out the Housing questionnaire so that we can do our best to find housing to fit your requirements.

609 - Veuillez cocher les cases selon votre choix.

- Please tick the appropriate boxes.

Emplacement :

Preferred location :

610 - Banlieue reliée par transport public ☐

- Suburbs accessible by public transportation ☐

611 - Situé à moins de 10 km de la ville ☐

- Within 10 kilometers of town ☐

612 - Situé à plus de 10 km de la ville ☐

- Over 10 kilometers from town ☐

613 - Centre ville ☐

- Downtown ☐

Type de logement souhaité :

Kind of Housing considered :

614 - Studio ☐
    Appartement ☐
    Maison ☐

- Studio ☐
*   Apartment* ☐
*   House* ☐

615 - Meublé ☐
    Non meublé ☐

- Furnished ☐
*   Unfurnished* ☐

616 - Nombre de personnes :
    Nombre de chambres :

- Number of people :
*   Number of bedrooms :*

Ordre de prix :

Price range :

617 - Entre 3 000 et 4 000 FF/mois ☐
    Plus de 4 000 FF/mois ☐

- Between FF 3,000 and 4,000/month ☐
*   Over FF 4,000/month* ☐

618 - Location court terme (moins d'1 an) ☐
      Location long terme ☐

- *Short-term rental (less than 1 year)* ☐
  Long-term rental ☐

● **Dates de séjour :**

Date of stay :

619 - Du ... au ...

- *From ... to ...*

620 - Veuillez nous faire savoir la date exacte de votre arrivée, afin que nous puissions vous remettre les clés.

- *Please let us know your exact arrival time, so that we can give you the keys.*

● **Renseignements :**

Information :

621 - Veuillez retourner ce formulaire à : ...

- *Please return this form to : ...*

622 - Vous pouvez joindre l'hôtel au : ...

- *The hotel can be reached at : ...*

5.5 LEXIQUE

VOCABULARY

— aéroport

— *airport*

— aller-retour (billet d')

— $\left\{ \begin{array}{l} return \ ^{GB} \\ round\ trip \ ^{US} \end{array} \right\}$ *(ticket)*

— aller simple (billet d')

— $\left\{ \begin{array}{l} single \ ^{GB} \\ one\text{-}way \ ^{US} \end{array} \right\}$ *(ticket)*

— arrivée

— *arrival*

— chambre
  - chambre simple
  - chambre à deux lits
  - chambre double *(grand lit)*

— *room*
  - *single room*
  - *twin-bed room*
  - *double room*

— correspondance

— *connection*

— décommander sa réservation

— *to cancel one's booking*

— départ

— *departure*

— différer, retarder

— *to delay*

— enregistrer

— *to register*

— escale

— *stop-over*

— frais de déplacement

— *travel expenses*

– gare ferroviaire	– *railway station*
– gare routière	– *bus station*
– guichet	– *booking-office*
– horaire	– $\begin{cases} time\text{-}table \ ^{GB} \\ schedule \ ^{US} \end{cases}$
– indemnité de déplacement	– *travel allowance*
– itinéraire	– *route*
– pension complète	– *room and board*
– place, siège	– *seat*
– possibilité de parking	– *parking facilities*
– prix de location	– *rental fee*
– prix du voyage	– *fare*
– remettre, ajourner, renvoyer à plus tard	– *to postpone*
– réserver	– $\begin{cases} to\ book \ ^{GB} \\ to\ reserve \ ^{US} \end{cases}$
– situation centrale	– *central location*
– supplément	– *excess fare*
– train de nuit	– *overnight train*
– vol	– *flight*
- vol direct	- *direct flight*
- vol quotidien	- *daily flight*
- vols nationaux	- *domestic flights*
- vols internationaux	- *international flights*
– voyage, trajet	– *journey*
- voyage d'agrément, excursion	- *trip*
- voyage touristique	- *tour*
- voyage d'affaires	- *business trip*
- Bon voyage!	- $\begin{cases} Have\ a\ pleasant\ journey! \\ Have\ a\ nice\ trip! \end{cases}$
– voyager	– *to travel*
- être en voyage	- *to be travelling*
- voyager en première (classe)	- *to travel first class*
- voyager en seconde	- *to travel second class*
– wagon-lits	– *sleeping car*

6 - COMMANDE ET FACTURE
Order and invoice

6.1 COMMANDE

ORDER

• **Demandes d'information :**

Inquiries :

623 - J'ai visité votre stand d'exposition à la foire commerciale du 10 mars, et je suis intéressé par votre gamme de produits.

- I saw your display at the Trade Fair on March 10, and I am interested in your range of products.

624 - J'ai appris que ... commercialise un nouveau procédé HNP avec une meilleure résolution. Pourriez-vous m'en faire connaître le prix ?

- I have heard that ... is commercializing a new HNP device with improved resolution. Could you please let me know its price ?

625 - Je voudrais savoir si vous fournissez ...

- I would like to know whether you could supply ...

626 - Je voudrais savoir si la nouvelle édition de ce livre est à présent disponible.

- I would like to know if the new edition of this book is now available.

627 - Pourriez-vous me faire savoir s'il y a un distributeur en France ?

- Could you please let me know if there is a distributor in France ?

628 - J'aimerais recevoir un catalogue et les derniers tarifs.

- I would appreciate a catalogue and your latest price-list.

629 - Pourriez-vous me faire savoir les prix de ...?

- Could you please let me know the prices for ...?

630 - Veuillez nous faire savoir le prix d'un achat en gros ...

- Will you please send us a quotation for bulk purchase of ...

631 - Nous aimerions connaître les conditions de paiement.

- We would like to know the terms of payment.

632 - Pourriez-vous me faire savoir à combien se montent les frais de port ?

- Could you please inform me of any shipping charges ?

633 - Quelles sont les conditions de livraison à l'étranger ?

- What are the terms for overseas delivery ?

634 - Avant de passer commande, je voudrais connaître les conditions de vente.

- *Before placing an order, I would like to know the terms of sale.*

635 - Accordez-vous des facilités de paiement pour l'achat de ...?

- *Is it possible to buy ... on easy terms?*

636 - A combien la maintenance revient-elle?

- *What price do you quote for maintenance?*

637 - J'aimerais savoir si vous fournissez une notice d'instructions en français?

- *I would like to know if operating instructions in French are available.*

638 - Je voudrais savoir si les renseignements fournis par les fabricants de produits de laboratoire sont gratuits et sans obligation.

- *I would like to know if the information from the manufacturers of laboratory products is provided free of charge and obligation.*

• **Passer commande :**

Placing an order :

639 - Vous trouverez ci-jointe une commande de ...

- *Please find enclosed an order for ...*

640 - Je voudrais passer commande de ..., selon le bon de commande ci-joint.

- *I wish to place an order for ..., as per enclosed order form.*

641 - Je voudrais me réabonner à ... . Vous trouverez ci-joint un bon de commande.

- *I would like to renew my subscription to ... . You will find enclosed an order form.*

642 - Veuillez me faire savoir en retour quand vous serez en mesure d'exécuter cette commande.

- *Please let me know by return when you can carry out this order.*

• **Remise :**

Reduction :

643 - Veuillez nous indiquer la remise consentie pour les commandes de plus de 500 £.

- *Will you please let us know what discount you could grant for orders over £ 500.*

644 - Vous voudrez bien nous accorder la réduction de 15% pour commande passée avant le 1er mars, comme indiqué dans votre tarif actuel.

- *We hope that you will grant us the 15% discount for orders made before March 1, as indicated in your current price-list.*

• **Conditions de livraison :**

Delivery conditions :

645 - Pourriez-vous nous livrer le plus rapidement possible ?

- *Could you please arrange for an early delivery?*

646 - Pouvez-vous nous assurer une livraison dans les quinze jours ?

- *Could you guarantee delivery within two weeks?*

647 - Ce matériel est-il disponible pour une livraison rapide ?

- *Is this equipment available for prompt delivery?*

648 - Je voudrais vous rappeler que ce matériel doit nous être livré au plus tard le 15 juin.

- *I would remind you that this equipment must be delivered to us by June 15 at the latest.*

649 - Pouvez-vous exécuter cette commande d'ici la mi-septembre ?

- *Could you complete this order by mid-September?*

• **Erreur, modification :**

Alteration :

650 - Je suis désolé de vous informer qu'une erreur a été faite dans ma commande du 14 mars, dans laquelle j'ai indiqué un numéro erroné.

- *I am sorry to inform you that an error was made in my order of March 14, in which I quoted a wrong number.*

651 - Il serait préférable de remettre la livraison à début juin.

- *It would be better to delay delivery until the beginning of June.*

• **Annulation :**

Cancellation :

652 - En raison des délais de livraison, j'ai le regret de vous informer que je dois annuler ma commande du ...

- *Owing to delays in delivery, I regret to inform you that I must cancel my order of ...*

653 - Puisque ce dispositif n'est pas disponible avant le ..., je me vois dans l'obligation d'en annuler la commande.

- *Since this device is not available before ... I am compelled to cancel the order.*

654 - N'ayant pas reçu les ouvrages qui devaient me parvenir il y a 3 mois, je suis contraint d'annuler ma commande.

- I still have not received the books which were to be delivered 3 months ago. I am therefore compelled to cancel my order.

6.2 LIVRAISON

DELIVERY

• **Accuser réception :**

To acknowledge receipt :

655 - Nous venons de recevoir les articles relatifs à notre commande référencée ci-dessus, ainsi que la facture correspondante.

- We have just received the items of the above mentioned order, together with the relative invoice.

656 - Le colis concernant notre commande du 12 février est arrivé ce matin.

- The consignment covering our order of February 12 arrived this morning.

657 - Le colis a bien été livré hier, en parfait état.

- This consignment was delivered yesterday in perfect condition.

658 - J'ai bien reçu les caisses annoncées par votre avis d'expédition.

- I have received the boxes referred to in your dispatch note.

• **Réclamation :**

Complaint :

659 - Nous avons constaté qu'il manquait l'article n° ...

- We have noticed that item no ... was missing.

660 - Les articles ne sont pas conformes au bon de commande.

- The items are not in conformity with the order.

661 - Nous les tenons à votre disposition.

- We are holding them at your disposal.

662 - Nous vous retournons les articles, et vous prions de nous faire parvenir très rapidement ceux que nous avons commandés.

- We are returning the items and request you to forward very quickly those we ordered.

663 - J'ai le regret de vous informer que deux colis ont été endommagés durant le transport.

- I am sorry to inform you that two parcels were damaged in transport.

664 - Les marchandises sont arrivées en mauvais état.

- The goods arrived in bad condition.

665 - Nous vous retournons donc les marchandises endommagées, et vous demandons de les remplacer dans les meilleurs délais.

- *We are therefore returning the damaged goods, and ask you to replace them at short notice.*

• **Retard :**

Delays :

666 - Nous attendons toujours la livraison du ... que nous vous avons commandé le 3 mai.

- *We are still awaiting delivery of ... that we ordered on May 3.*

667 - Les articles commandés le ... ne nous ont toujours pas été livrés.

- *The items ordered on ... have not yet been delivered.*

668 - Auriez-vous l'obligeance d'accélérer la livraison ?

- *Could you please speed up delivery ?*

6.3 FACTURES

INVOICES

• **Envoyer une facture :**

Sending an invoice :

669 - Veuillez trouver ci-jointe la facture concernant le renouvellement de votre abonnement à ...

- *Enclosed is the invoice for the renewal of your subscription to ...*

670 - Vous trouverez ci-jointe la facture d'un montant de ... correspondant à l'envoi des thèses que vous avez demandées.

- *You will find enclosed an invoice amounting to ... covering the consignment of the theses you ordered.*

671 - En cas de problème au sujet de cette facture, veuillez appeler notre numéro vert : ...

- *For any questions concerning the invoice, please call our toll-free number : ...*

• **Accuser réception :**

To acknowledge receipt :

672 - J'ai bien reçu votre facture relative à ...

- *I am in receipt of your invoice regarding ...*

673 - Je viens de recevoir la facture concernant ...

- *I have just received the invoice concerning ...*

• **Demander une facture :**

674 - Nous vous règlerons dès réception de la facture.

675 - Veuillez nous faire parvenir une facture correspondant au montant de l'inscription de M. ... dont les formulaires de pré-inscription sont joints.

676 - Nous avons reçu une facture pro-forma, mais pour pouvoir vous régler, nous avons besoin d'une facture originale.

677 - La TVA doit être perçue sur les publications expédiées en France. Il convient donc de la rajouter sur la facture.

• **Réclamation :**

678 - Vous nous avez facturé l'article n° 234 au prix de 120 £ au lieu de 112 £ comme indiqué dans votre tarif.

679 - Après vérification de la facture, j'ai constaté que vous avez omis de décompter la remise de 10%.

680 - On nous a affirmé qu'il n'y avait pas de frais supplémentaires de manutention.

681 - Nous ne sommes pas disposés à régler les coûts de manutention qui sont à votre charge, selon les conditions stipulées sur la proposition de prix.

682 - Nous ne nous attendions guère à être facturés si rapidement. Ceci nous pose quelques problèmes.

683 - Je suis désolé de vous ennuyer, mais je voudrais éclaircir ce point au plus tôt.

To ask for an invoice :

- *We shall be able to pay on receipt of the invoice.*

- *Could you please send us an invoice corresponding to the amount of the registration fees for Mr. ... whose advance registration forms are enclosed.*

- *We have received a pro-forma invoice, but in order to settle our account, we need an original of the invoice.*

- *The VAT is due on publications delivered in France. Therefore it should appear on the invoice.*

Complaint :

- *You have charged us £ 120 for item no 234 instead of £ 112 as quoted in your price-list.*

- *On checking the invoice, I noticed that you have omitted to deduct the discount of 10%.*

- *We were led to understand that there were no additional handling charges.*

- *We do not accept to cover the handling costs that you may incur as stated in the price-list.*

- *We did not expect to be invoiced so quickly. This has put us in a difficult position.*

- *I am sorry to trouble you over this matter but would like to get it cleared up soon.*

6.4 PAIEMENT

PAYMENT

684 - Comme convenu, vous trouverez ci-joint un chèque du montant total de votre facture du 5 avril.

- *As agreed, you will find enclosed a cheque for the total amount of your invoice of April 5th.*

685 - Vous trouverez ci-joint un chèque pour solde de tout compte.

- *You will find enclosed a cheque in full settlement.*

686 - La somme de 81 $ doit vous parvenir par la Banque ... en règlement de votre facture n°...

- *We have arranged payment of $ 81 though ... Bank in payment of your invoice no ...*

• **Modalités de paiement :**

Methods of Payment :

687 - Nous pouvons régler par virement bancaire.

- *We can arrange payment by bank transfer.*

688 - Nous aimerions connaître les possibilités de paiement par mandat international.

- *We wish to enquire into the possibility of arranging payment by international money order.*

689 - Les chèques sont à libeller à l'ordre de ...

- *Cheques should be made out to ...*

690 - Vous voudrez bien établir votre chèque à l'ordre de ...

- *You should make your cheque payable to ...*

691 - En cas de règlement par carte de crédit, assurez-vous de bien indiquer le numéro complet de votre carte, sa date d'expiration, ainsi que le numéro de la facture.

- *If payment is made by credit card, please be sure to give your complete account number, expiration date and invoice number.*

6.5 LETTRE DE RAPPEL

FOLLOW-UP LETTER

692 - Le congrès est terminé depuis presque trois mois et nous n'avons toujours pas enregistré le paiement de vos frais d'inscription.

- *It is almost three months since the end of the congress and our records show that your registration fees still remain unpaid.*

693 - Peut-être y a-t-il eu un malentendu, mais nous n'avons toujours pas enregistré le paiement de votre inscription au congrès ci-dessus.

- *I do not know whether there has been some misunderstanding but our records still show that your registration fee for the above Conference has not been paid.*

694 - Nous vous rappelons que vous n'avez toujours pas réglé notre facture du 6 juin.

- *We wish to remind you that our invoice of June 6 is still unpaid.*

695 - Nous devons insister sur le paiement immédiat de cet arriéré.

- *We must insist on immediate payment of this overdue account.*

696 - Nous regrettons de vous informer que l'affaire est toujours en suspens.

- *We regret to inform you that the matter is still in abeyance.*

697 - La facture a été envoyée, conformément à la demande de votre établissement.
Vous trouverez une copie ci-jointe.

- *The invoice was sent as requested by your company.*
A copy is enclosed.

698 - Veuillez nous faire parvenir le versement

correspondant à vos frais d'inscription.

- *Will you please let us have your remittance*
in settlement of your registration fees.

699 - Je suis à présent obligé de vous demander de régler sans retard.

- *I must now request payment without further delay.*

700 - Sauf erreur de notre part, nous avons soumis une facture pour vous-même et M. ..., et nous n'avons reçu que le chèque de M. ...

- *If we are not mistaken, we submitted an invoice for both yourself and Mr. ..., and we only received the cheque for Mr. ...*

701 - Nous essayons de clarifier les comptes de ce congrès et nous vous saurions gré de bien vouloir nous répondre rapidement.

- *We are trying to clear up the accounts for this conference and would be grateful to you for an early reply.*

702 - Malheureusement, les renseignements que vous avez fournis concernant le paiement sont erronés :

- *Unfortunately, payment details that you have supplied are incorrect in respect of :*

☐ autorisation de l'organisme de crédit refusée.
☐ chèque refusé, provision insuffisante.
☐ paiement non reçu.
☐ aucune modalité de paiement reçue.

☐ *credit card house refused authorization.*
☐ *cheque returned, insufficient funds.*
☐ *payment still not received.*
☐ *no method of payment received.*

703 - Cependant, si le paiement a été effectué récemment, veuillez nous en fournir la justification, avec par exemple une copie de votre chèque ou de votre virement.

- *If however payment has been sent to us recently, could you please provide us with full details, i.e. a copy of your cheque or remittance.*

6.6 RÉPONSE À UNE LETTRE DE RAPPEL

ANSWERING A FOLLOW-UP LETTER

704 - Je viens de recevoir votre lettre du ... relative à votre facture n° ... du ...

- *I have just received your letter of ... in regards to your invoice no ...*

705 - Notre comptable m'a assuré que le paiement a été effectué le 10 mai sur votre compte n° ...

- *The accountant assured me that the payment was made on May 10 on your account no ...*

706 - A la suite de votre lettre du 10 courant, je vous informe que notre règlement sera effectué sur votre compte dans le délai de 30 jours.

- *Further to your letter of 10th inst.[26], I inform you that our remittance will be credited to your account within 30 days.*

707 - Nous vous prions de nous excuser de vous avoir obligé à nous rappeler votre facture n° ... qui devait être réglée le 1er octobre.

- *We would like to apologize for the fact that you had to remind us of your invoice no ... due for payment on October 1.*

708 - Nous faisons le nécessaire pour un règlement immédiat.

- *We are arranging immediate payment.*

709 - Je suis désolé pour ce retard, et je vous saurais gré de bien vouloir ne pas interrompre notre abonnement.

- *I am sorry for the delay, and I would be very grateful if you would continue our subscription.*

6.7 LEXIQUE

VOCABULARY

- arrhes
- avoir
- bon de livraison

- catalogue

- chargement

- chèque

- *deposit*
- *credit note*
- *delivery order*

- $\left\{ \begin{array}{l} catalogue \ ^{GB} \\ catalog \ ^{US} \end{array} \right.$

- *loading*

- $\left\{ \begin{array}{l} cheque \ ^{GB} \\ check \ ^{US} \end{array} \right.$

---

26. *Inst.* : abréviation de *instant*.

– commander	– *to order*
- bon de commande	- *order form*
- libeller une commande	- *to make out an order*
- passer commande	- *to place an order*
- enregistrer une commande	- *to book an order*
– compte	– *account*
- compte courant	- $\left\{\begin{array}{l} \textit{current account } ^{GB} \\ \textit{checking account } ^{US} \end{array}\right.$
– comptable	– *accountant*
– comptabilité	– *book-keeping*
– coût, assurance, fret (aux soins de ...) (CAF)	– *cost, insurance, freight (CIF)*
– contre remboursement	– $\left\{\begin{array}{l} \textit{cash on delivery } ^{GB} \\ \textit{collect on delivery } ^{US} \end{array}\right\}$ *(COD)*
– (à) crédit	– *(on) credit*
– déballage	– *unpacking*
– dédouanement	– *(customs) clearance*
– devis, évaluation	– *estimate*
– échantillon	– *sample*
– emballage (à l'épreuve des chocs)	– *(shock-proof) package*
– envoi	– *consignment*
– expédier	– *to dispatch*
- ordre d'expédition	- *dispatch(ing) note*
- expédier par avion	- *to airfreight*
– fabricant	– *manufacturer*
– facture	– *invoice*
- rédiger une facture	- *to make out an invoice*
- régler une facture	- $\left\{\begin{array}{l} \textit{to meet} \\ \textit{to settle} \end{array}\right\}$ *an invoice*
- facture pro forma[27]	- *pro forma invoice*

---

27. La facture «pro forma» (= pour la forme) précède la vente; c'est un devis établi par le vendeur qui permet à l'acheteur d'obtenir une licence d'importation ou l'autorisation d'engager une dépense.

– facturer	– *to charge*
– fournisseur	– *supplier*
– franco à bord	– *free on board (FOB)*
– franco de port et d'emballage	– *free of charge (FOC)*
– gamme (de produits, de prix)	– *range (of products, of prices)*
– honorer un délai	– *to meet a deadline*
– licence d'importation	– *import* $\begin{cases} \textit{license} & \textit{GB} \\ \textit{licence} & \textit{US} \end{cases}$
– livrer	– *to deliver*
– mandat	– *money order*
– manutention	– *handling*
– marchandises	– *goods*
– montant	– *amount*
$-\begin{cases} \text{est passé de 100 à 130} \\ \text{a augmenté de 30\%} \end{cases}$	*- has increased* $\begin{cases} \textit{from 100 to 130} \\ \textit{by 30\%} \end{cases}$
– note	– *bill*
– paiement (effectuer un)	– *payment (to make a)*
- accorder des facilités de paiement	*- to extend credit facilities*
– paquet, colis	– *parcel*
– port dû	– *carriage forward*
– port payé	– *carriage paid (cge pd)*
– à prix coûtant	– *at cost price*
– prospectus	– *folder*
– reçu, récépissé	– *receipt*
– reçu, pièce justificative	– *voucher*
– réduction, escompte	– *discount (disct.)*
– règlement *(facture)*	– *settlement*
- règlement à la livraison	*- payment on delivery (POD)*
– remboursement	– *reimbursement*
– ristourne, remboursement	– *refund*
– service après-vente	– *after-sales service*
– tarif	– *price-list*

– taux de change	– *exchange rates*
– terme, échéance d'un billet	– *date of a bill*
– traite	– *draft (dft)*
– TVA (Taxe sur la Valeur Ajoutée)	– *VAT (Value Added Tax)*
- inclus	- *inclusive*
- non compris	- *exclusive*
– usine	– *plant, factory*
– versement	– *remittance*
– virement	– *transfer*
- semestriel	- *half yearly*
- trimestriel	- *quaterly*
- mensuel	- *monthly*

7 - PUBLICATIONS
Publications

7.1 SOUMETTRE UN ARTICLE

SUBMITTING A PAPER

710 - Vous trouverez ci-joint un manuscrit intitulé «...» de *(auteurs)* soumis à la revue ... en vue de sa publication.

- *You will find here enclosed a manuscript entitled ''...'' by* (authors) *to be submitted for publication in ...*

711 - Je voudrais soumettre un article en vue d'une présentation à la conférence ..., et d'une publication dans le numéro spécial de ...

- *I wish to submit a paper for presentation at the ... conference and for publication in the special issue of ...*

712 - Je souhaiterais proposer un article dans le domaine de ...

- *I would like to propose a paper on the topic of ...*

713 - Cet article présente quelques résultats issus de mes travaux durant ces deux dernières années.

- *This paper addresses some results that have come out of my work over the past two years.*

714 - Ce manuscrit est consacré à l'étude de ...

- *This manuscript is devoted to the study of ...*

715 - Ce manuscrit traite de ...

- *This manuscript deals with ...*

• **Rappeler un envoi :**

Referring to a mailing :

716 - Le 1er mars dernier, je vous ai envoyé un article de *(auteurs)* intitulé «...».

- *On 1 March last I sent you a paper by* (authors) *entitled ''...''.*

717 - Pouvez-vous nous indiquer si vous avez bien reçu notre article?

- *Could you please let us know whether you received our paper?*

718 - Je voudrais savoir si l'article que j'ai soumis il y a 10 mois a été retenu.

- *I would like to know whether the paper which I submitted 10 months ago has been accepted for publication.*

719 - Je n'ai pas de nouvelles de l'article intitulé «...» de *(auteurs)*. Pourriez-vous me faire savoir ce qu'il est devenu?

- *I have no news of the paper entitled "..." by (authors). Could you please let me know what became of it?*

7.2 ENVOYER UNE VERSION RÉVISÉE

SENDING A REVISED VERSION

720 - Vous trouverez ci-joint le manuscrit révisé.

- *Please find here enclosed the revised manuscript.*

721 - Je joins trois copies de l'article, quelques remarques concernant la dernière révision, et les originaux des figures.

- *I enclose three copies of the paper, some comments on the last revision and the originals of the figures.*

• Remerciements :

Thanks :

722 - Nous vous remercions pour les améliorations que vous avez proposées pour notre article intitulé «...».

- *Thank you for the improvements you proposed for our paper entitled "...."*

723 - Veuillez remercier le critique A pour ses précieux commentaires.

- *Please thank referee A for his valuable remarks.*

• Commentaires :

Comments :

724 - J'ai entièrement réécrit l'article en m'efforçant de répondre aux suggestions du critique B, mais je n'ai pas raccourci l'article comme le proposait le critique A.

- *I rewrote the paper completely and tried to satisfy the suggestions of referee B, but I did not shorten the paper as referee A proposed.*

725 - J'ai modifié le paragraphe 2 de la page 5 afin de fournir des explications complémentaires pour l'indépendance de $\varphi(k)$.

- *I modified para 2 on page 5 to give additional explanations concerning the independence of $\varphi(k)$.*

726 - J'ai tenu compte de toutes vos suggestions, hormis pour la fin de l'introduction, car je pense que la signification s'en serait trouvée changée.

- I have taken into account all your suggestions except for the end of the introduction, because I think that the meaning would have been changed.

727 - Je joins une réponse aux critiques C et D justifiant les changements que j'ai apportés.

- I include a response to reviewers C and D explaining the changes I have made.

• **Conclure :**

Concluding :

728 - J'espère que cette version sera satisfaisante.

- I hope that this version will be acceptable.

729 - J'espère que l'article est à présent sous une forme acceptable pour son édition.

- I hope the paper is now in the correct form for the editorial process.

7.3 ERREURS ET MODIFICATIONS

ERRORS AND MODIFICATIONS

• **Faire référence à un envoi :**

Referring to a mailing :

730 - Vous avez dû recevoir un projet d'article intitulé «...» de *(auteurs)*.

- You should have received by now a manuscript entitled "..." by (authors).

731 - Nous vous avons envoyé la semaine dernière les originaux des figures de la publication intitulée «...» de *(auteurs)* acceptée dans la revue ...

- We sent you last week the originals of the figures of the paper entitled "..." by (authors) which has been accepted for publication in ...

• **Modification, substitution :**

Modification, substitution :

732 - A la suite d'un oubli de notre part, deux figures manquaient dans l'article que nous vous avons envoyé.

- Due to an oversight on our part, two figures were missing in the paper we sent you.

733 - Nous sommes désolés, mais une légère omission a été faite dans l'introduction de notre article.

- We are sorry but there is a small omission in the introduction of our paper.

734 - Veuillez trouver ci-jointes 3 copies de la première page à substituer à la page 1 de la version que nous avons soumise.

- Please find herewith 3 copies of the first page which takes the place of page 1 of our submitted version.

735 - Une erreur a été trouvée sur la figure 3 (échelle de temps du schéma 1) et la page 5 de l'article en a été légèrement modifiée (2e ligne du § 3).

- An error has been found in Fig. 3 (time scale of panel 1) and there is a small related modification on page 5 of the paper (line 2, para. 3).

736 - Vous trouverez ci-jointes une nouvelle fig. 3 et la page 5 corrigée.

- Please find here enclosed a new Fig. 3 and the corrected page 5.

● **Conclusion :**

Conclusion :

737 - Nous sommes désolés pour ce contretemps dû à notre erreur.

- We apologize for the inconvenience caused by our error.

738 - J'espère que cette omission n'aura pas trop ennuyé les experts.

- I hope this omission will not trouble the referees too much.

739 - Je vous prie d'excuser également le retard occasionné.

- Also, please excuse the delay.

740 - Nous vous remercions d'avance pour la substitution.

- Thank you in advance for the substitution.

7.4 RAPPORT D'EXPERTISE

REVIEWER'S REPORT

● **Demander un rapport :**

Asking for a report :

741 - Nous recevons actuellement des articles soumis pour une publication dans ...

- Papers are being submitted for publication in ...

742 - Je vous écris pour savoir si vous auriez l'obligeance d'aider le Comité en évaluant l'article ci-joint.

- I am writing to ask if you would be kind enough to help the Committee by assessing the attached paper.

743 - Nous vous serions reconnaissants de bien vouloir nous donner vos commentaires ou suggestions.

- We would appreciate it if you could give your comments or suggestions.

744 - Vous voudrez bien nous donner votre appréciation confidentielle sur le manuscrit ci-joint intitulé « ... ».

- We request your confidential opinion of the enclosed manuscript entitled ''... .''

745 - Votre concours nous est particulièrement précieux.

- Your assistance is deeply appreciated.

• **Demande d'expertise des conférences :**

Asking for a review of a paper :

746 - Tous les articles doivent être soumis avant leur présentation au Symposium.

- All papers for the Symposium must be reviewed prior to presentation.

747 - Dans le but de maintenir la meilleure qualité des articles techniques, une expertise critique et avisée est de première importance.

- In the interest of maintaining the highest quality, critical and thoughtful review of all technical papers is of primary importance.

748 - Le comité de lecture vous demande donc un avis confidentiel sur l'article ci-joint.

- The Technical Papers Committee therefore request your confidential opinion of the enclosed paper.

749 - Vous trouverez ci-joint un formulaire sur lequel vous ferez l'évaluation de l'article.

- A form for reporting your evaluation of the paper is enclosed.

750 - Nous vous prions de compléter le rapport d'expertise et d'en transmettre une copie accompagnée du manuscrit, d'ici le 31 mai, à l'adresse indiquée ci-dessous.

- Please complete the reviewer's report and forward one copy of it along with the manuscript to the name and address below by May 31.

• **Evaluer la qualité de l'article :**

Evaluation of paper quality :

751 - Veuillez trouver ci-jointes mes remarques concernant l'article intitulé « ... ».

- The purpose of this letter is to transmit my comments on the paper entitled ''... .''

752 - De façon générale, cet article passe bien en revue les différentes expériences ...

- *In general, this paper gives a good review of the experiments ...*

753 - J'ai quelques petites remarques : ...

- *I have some minor comments : ...*

754 - Ce travail n'est pas vraiment original mais l'article a une certaine valeur pédagogique.

- *This work is not really original, but the paper may have a tutorial value.*

755 - Cet article a besoin d'être revu avant d'être publié.

- *This paper necessitates revision before publication.*

756 - Cet article doit être révisé et soumis une nouvelle fois.

- *This paper must be revised and resubmitted.*

Avis défavorable :

Unfavorable comments :

757 - Un article sur le même sujet a déjà été publié dans ...

- *There is prior publication on the same subject in ...*

758 - Cet article ne peut être publié et doit donc être rejeté.

- *This paper is not appropriate for publication and must be rejected.*

Avis favorable :

Favorable comments :

759 - C'est une contribution originale à la littérature grise.

- *It is an original contribution to grey literature.*

760 - L'article est clair, bien structuré et concis.

- *The paper is clearly written, well organized and concise.*

761 - Cet article semble convenir pour une publication.

- *This paper seems appropriate for publication.*

762 - La qualité du contenu technique est suffisante pour en justifier la publication.

- *The quality of the technical contents is high enough to warrant publication.*

763 - Cet article est intéressant actuellement et mérite d'être publié.

- *This paper has current interest value and merits publication.*

7.5 Lexique　　　　　　　　　　　*Vocabulary*

- article　　　　　　　　　　　　— *paper*

- auteur　　　　　　　　　　　　— *author*

- bibliographie　　　　　　　　　— *bibliography*

- chapitre　　　　　　　　　　　— *chapter*

- communication　　　　　　　　— *paper*

- légende (de figure)　　　　　　— *(figure) caption*

- manuscrit　　　　　　　　　　— *manuscript*

- note en bas de page　　　　　— *footnote*

- paragraphe　　　　　　　　　— *paragraph*

- rapport　　　　　　　　　　　— *report*

- référence　　　　　　　　　　— *reference*

- remerciements　　　　　　　　— *acknowledg(e)ments*

- résumé　　　　　　　　　　　— $\begin{cases} summary \\ abstract \end{cases}$

- résumer　　　　　　　　　　　— *to summarize*

- table des matières　　　　　　— *table of contents*

- tableau　　　　　　　　　　　— *table*

- titre　　　　　　　　　　　　　— *title*

7.6 Abréviations

Abbreviations

764 -	p. ex.	- par exemple	- *e.g.*	- *exampli gratia* $= \begin{cases} \text{for example} \\ \text{for instance} \end{cases}$
765 -	c-à-d	- c'est-à-dire	- *i.e.*	- *id est = that is to say*
766 -	–	- à savoir	- *viz.*	- *videlicet = namely*
767 -	–	- et qui s'ensuit	- *et seq.*	- *et sequens = and the following*
768 -	–	- et suivantes *(pages, lignes)*	- *ff.*	- *and following* (pages, lines)
769 -	etc.	- $\begin{cases} \text{et cetera} \\ \text{et caetera} \end{cases}$	- *etc.*	- $\begin{cases} \textit{et cetera} \\ \textit{et caetera} \end{cases} = \textit{and so on}$
770 -	cf.	- confer, voir	- –	- *see*
771 -	do	- ditto – do même	- *do.*	- *ditto*
772 -	id.	- idem	- *id.*	- *idem*
773 -	ibid.	- ibidem	- *ibid.*	- *ibidem*
774 -	NB	- nota bene	- *NB*	- *nota bene*
775 -	–	- par année	- *p.a.*	- *per annum*
776 -	cap.	- (lettre(s)) majuscule(s)	- *cap.*	- *capital letter(s)*
777 -	ital.	- italique (imprimer en)	- *ital.*	- *italic(s) (to print in)*
778 -	–	- révisé	- *rev.*	- *revised*
779 -	–	- épuisé *(ouvrage)*	- *o.p.*	- *out of print*
780 -	–	- traduction	- *trans.*	- *translation*
781 -	Ed.	- éditeur	- *Ed.*	- *editor*

782 - ⎫
783 - ⎬ vol.   - volume   ⎰ *- vol.*   *- volume*
        ⎱ *- vols.*   *- volumes*

784 -   ch.   - chapitre   *- chap.*   *- chapter*

785 - n^o - numéro   *- no.*   *- number*

786 - n^{os} - numéros   *- nos.*   *- numbers*

787 -   p.   - page   *- p.*   *- page*

788 -   pp.   - pages   *- pp.*   *- pages*

789 -   - paragraphe *- para.*   *- paragraphe*

790 - ⎫
791 - ⎬ fig.   - figure(s)   ⎰ *- Fig.* [28]   *- figure*
        ⎱ *- Figs.*   *- figures*

792 - ⎫
793 - ⎬ eq.   - equation(s)   ⎰ *- Eq.* [28]   *- equation*
        ⎱ *- Eqs.*   *- equations*

794 - ⎫
795 - ⎬ –   - –   ⎰ *- et al.*
        ⎱ *- et alii*   *- and others*

---

28. Rappel :   – *sur la figure 8*   se traduit par :   *in Fig. 8*
           – *dans le tableau 2*   se traduit par :   *in Table 2*
           – *dans l'équation 5*   se traduit par :   *in Eq. 5*

8 - CANDIDATURE, RECOMMANDATIONS
Application, references

8.1 CV ET LETTRE D'ACCOMPAGNEMENT — *CV/RÉSUMÉ AND COVERING LETTER*

• **En réponse à une annonce :** — *In reply to an advertised vacancy :*

796 - En réponse à votre annonce parue dans ... — *- I refer to your advertisement in ...*

797 - Je voudrais poser ma candidature au poste de ... proposé dans ... — *- I wish to apply for the position of ... advertised in ...*

798 - Je suis vivement intéressé par votre annonce que j'ai lue dans ... — *- I am very interested in your advertisement which I read in ...*

• **Candidature spontanée :** — *Speculative letter :*

799 - Je vous écris pour savoir si votre laboratoire aurait la possibilité d'embaucher un chercheur à plein temps. — *- I am writing to ask if your laboratory has a position available for a full-time researcher.*

800 - Je suis vivement intéressé par vos recherches sur ... — *- I am keenly interested in your research activities concerning ...*

801 - J'aimerais participer à ce projet de recherche. — *- I wish to become involved in this research project.*

802 - Travaillant depuis trois ans sur ..., à l'Université ..., je serais très heureux de faire partie de votre équipe de recherche. — *- I am very interested in joining your research group as I have been working on ... at ... University for three years.*

803 - Je serai disponible début février. — *- I will be available at the beginning of February.*

• **Demande de bourse d'études :** — *Asking for a grant :*

804 - ⎫ Je voudrais faire une demande d'aide
805 - ⎭ financière pour un séjour d'étude d'un an à l'Université de Boston, à partir de janvier prochain.

- I would like to apply for a $\left\{ \begin{array}{l} grant \ ^{GB} \\ scholarship \ ^{US} \end{array} \right\}$ *in order to study at Boston University one year beginning in January.*

806 - Pourriez-vous me faire connaître les possibilités de bourses d'études en Grande Bretagne offertes aux étudiants étrangers?

- *Would you please inform me of the grants that Great Britain offers to foreign students.*

• **Formation :**

Education :

807 - J'ai effectué mes études supérieures à l'Ecole d'Ingénieurs ..., du ... au ..., et j'ai obtenu mon diplôme d'ingénieur le 30 juin.

- *I studied at the ... engineering school from ... to ... and obtained a degree in engineering on June 30.*

808 - Durant mes études à l'Université ..., j'ai suivi des cours en ...

- *During my studies at ... University, I attended courses in ...*

809 - J'ai terminé mes études d'ingénieur, et j'ai obtenu en juin un DEA en ...

- *I have finished my studies in engineering and obtained a post graduate degree in ... in June.*

810 - J'ai obtenu le diplôme d'ingénieur électricien à l'Ecole Supérieure[29] de ...

- *I graduated in electrical engineering from ... Engineering School.*

811 - J'ai une connaissance approfondie de l'anglais et je suis actuellement des cours du soir d'allemand et de japonais.

- *I have a thorough command of English and I am attending evening classes in German and Japanese.*

• **Stages :**

Training periods :

812 - J'ai suivi un stage pratique approfondi en ...

- *I obtained thorough practical training in ...*

813 - Durant un stage industriel chez NCS j'ai participé à une étude de faisabilité technique sur ...

- *During an industrial training period at NCS I was involved in an engineering feasability study on ...*

---

29. Attention! *Grande école* ne se traduit pas par *high school* (lycée d'enseignement secondaire). N'ayant pas d'équivalent, on peut donc soit le laisser en français, soit en exprimer l'idée : *Engineering School* ou *Business School*, etc.

814 - Lors de mon stage en entreprise, j'ai eu l'occasion de travailler avec M. ... qui est responsable du service recherche et développement.

- *During my internship at ..., I had the opportunity to work with Mr. ... who is responsible for the department of research and development.*

• Compétences :

Qualifications :

815 - J'ai été employé en qualité de ... chez ... pendant trois ans, du ... au ...

- *I was employed as a ... at ... for three years from ... to ...*

816 - Je suis actuellement employé comme chercheur au Service ... de l'Université ...

- *I am currently employed as a researcher in the ... Department of ... University.*

817 - De plus, j'ai travaillé sur ... pendant 2 ans.

- *In addition, I have 2 year's experience working on ...*

818 - J'ai également quelques connaissances sur ...

- *I also have some knowledge of ...*

819 - Mon expérience dans ce domaine devrait être utile dans le développement de ce projet.

- *My experience in this field should be of interest in the project development.*

820 - Je pense avoir les qualités requises pour mener à bien ces recherches, pour les raisons suivantes : ...

- *I feel I am qualified to carry out such research for the following reasons : ...*

821 - Je suis responsable de la conception de nouvelles machines pour ...

- *I am responsible for designing new engines for ...*

• Références :

Referee [30] :

822 - Le Professeur ..., de l'Université de ..., m'a suggéré de vous contacter à propos de ... et a accepté de vous renseigner à mon sujet.

- *Prof. ... from ... University suggested that I contact you about ... He has agreed to act as referee.*

---

30. Référence, recommandation = $\begin{cases} \textit{referee} \text{ (personne)} \\ \textit{reference, testimonial} \text{ (document).} \end{cases}$

823 - Pour plus d'informations concernant mes recherches, vous pouvez contacter le Dr ... qui a dirigé mes travaux de thèse.

- *For further details regarding my research activities, you can contact Dr. ... who supervised my thesis.*

824 - Je joins une attestation de M. ...

- *I enclose a testimonial from Mr. ...*

• **Joindre un curriculum vitae :**

Enclosing a $\left\{ \begin{array}{l} \textbf{\textit{curriculum vitae}}^{31} \\ \textbf{\textit{résumé}} \end{array} \right\}$:

825 - Je vous prie de trouver ci-joint mon dossier de candidature ainsi que mon curriculum vitae.

- *Please find enclosed my application form* [32] *together with my curriculum vitae.*

826 - Le curriculum vitae ci-joint vous donnera les renseignements sur mes compétences et mes objectifs.

- *The enclosed curriculum vitae provides information* [33] *on my qualifications and objectives.*

827 - Comme il est indiqué dans le curriculum vitae ci-joint, j'étudie ... depuis plusieurs années.

- *As explained on the enclosed curriculum vitae, I have been studying ... for many years.*

• **Demander un rendez-vous :**
(voir aussi § 3.6)

Asking for an interview :
(see also § 3.6)

828 - Je serais très heureux de pouvoir vous rencontrer au moment qui vous conviendra.

- *I would welcome the opportunity to meet with you at your convenience.*

829 - Je suis à votre disposition pour vous rencontrer afin de parler plus en détail de ce que j'ai fait.

- *I am available at your convenience for an interview in order to discuss my background further.*

---

31. Le CV, aux Etats-Unis, est très détaillé et correspond plutôt à un rapport d'activité. Pour postuler à un stage d'étude ou à un premier emploi, le CV se traduit par *résumé* [US].

32. *Dossier de candidature* se traduit aussi par *standard application form* (ou *SAF*).

33. Indénombrable ; cf. note 11, p. 26.

• **Renseignements complémentaires :**

830 - Si vous avez quelques questions, vous pouvez me joindre à ...

831 - Si vous désirez de plus amples renseignements, je serais heureux de vous les fournir.

Further information[34] :

- *If you have any questions, I can be reached at ...*

- *Should you need further information, I will be glad to supply it.*

8.2 LETTRE DE RÉFÉRENCES

LETTER OF REFERENCES

8.2.1 Demander un avis

Asking for someone's assessment

• **Sur un candidat :**

On an applicant :

832 - Le Dr ... m'a récemment suggéré de vous contacter pour une lettre de recommandation.

833 - Je vous serais très reconnaissant de me faire un courrier comportant votre avis sincère sur l'influence que le Dr ... peut avoir dans sa spécialité.

834 - Je vous transmets pour examen copie d'un dossier de candidature à un poste d'enseignement.

835 - Nous serions heureux de recevoir votre appréciation sincère sur ce candidat en ce qui concerne sa capacité à poursuivre des études supérieures dans cette discipline.

- *Dr. ... has recently suggested that I contact you for a letter of recommendation.*

- *I would appreciate a letter which includes your candid assessment of the impact Dr. ... has made in his field.*

- *I am forwarding for your consideration a copy of an application for the position of lecturer.*

- *We would be grateful for your candid evaluation of this applicant's ability to pursue advanced studies in this discipline.*

---

34. Indénombrable ; cf note 11, p. 26.

1000 FORMULES

• **Sur un financement :**

On a grant :

836 - Il nous serait très utile d'avoir votre évaluation du projet et du chercheur.

- *Your critical evaluation of the project and the investigator will be very helpful.*

837 - De plus, nous aurions besoin d'un avis sur son éventuel impact futur.

- *Also, an assessment of his potential for future impact would be appreciated.*

838 - Je vous écris pour vous demander si vous pourriez aider le Comité de Financement de la Recherche en évaluant la candidature ci-jointe relative à une troisième année de financement.

- *I am writing to ask if you could help the Research Grants Committee by assessing the attached application for a third year of support.*

839 - Pourriez-vous accorder une attention spéciale à l'originalité et la faisabilité du projet, à la compétence du chercheur dans le cadre de sa proposition, et à la justification du financement demandé.

- *Could you give special attention to the originality and feasibility of the project, the competence of the investigator in relation to his proposal. Could you also give your opinion on the financial aid the candidate is seeking.*

• **Instructions :**

Instructions :

840 - Veuillez compléter le formulaire en français ou en anglais (selon votre convenance) et le remettre au candidat, sous pli cacheté et signé au verso, ou bien l'adresser à : ...

- *Please fill out the recommendation form in either French or English and give it back to the applicant in a sealed envelope, signed across the flap, or mail it to : ...*

841 - Pouvez-vous indiquer les circonstances dans lesquelles vous avez connu le candidat.

- *Could you please describe how you have come to know the applicant.*

842 - Pouvez-vous mentionner ce que vous savez du candidat, de ses capacités et motivations, de ses points forts et de ses points faibles.

- *Could you describe what you know about the applicant's abilities and motivation, strengths and weaknesses.*

• **Confidentialité :**

In confidence :

843 - Votre lettre fera partie d'un dossier confidentiel constitué généralement pour chaque candidat.

- *Your letter will contribute to a confidential file which is routinely assembled for each candidate.*

844 - Ce rapport est confidentiel et ne sera pas communiqué au candidat.

- *This report is confidential and will not be seen by the applicant.*

845 - Je peux vous assurer que votre réponse restera confidentielle.

- *You may be assured that your reply will be treated as confidential.*

8.2.2 Recommandation :

Recommendation :

846 - Je vous écris pour vous présenter M. ...

- *I am writing to introduce Mr. ...*

847 - Vous trouverez ci-joint mon rapport concernant les recherches du Dr ...

- *Enclosed are my comments regarding the scientific work of Dr. ...*

848 - Conformément à notre discussion, je vous transmets le dossier de candidature de M. ...

- *Further to our discussion, I am enclosing the application form of Mr. ...*

849 - Je voudrais vous présenter M. ... Il va passer quelques jours à Boston le mois prochain, et il vous contactera à son arrivée.

- *I would like to introduce Mr. ... He is going to spend a few days in Boston next month, and he will get in touch with you when he arrives.*

850 - Le Dr ... sera à Paris du ... au .... J'espère que vous pourrez le recevoir et que vos échanges seront fructueux.

- *Dr. ... is to be in Paris from ... to ... I hope you will be able to meet him and that your discussions will be fruitful.*

• **Administration :**

Administration :

851 - Je soussigné, ..., certifie que M. ... a été employé dans mon service du ... au ... en qualité de ...

- *I, the undersigned, certify that Mr. ... was employed in my department from ... to ... as ...*

852 - Je certifie par la présente que ...

- I hereby certify that ...

853 - Je vous confirme que Mme ... a occupé un poste d'enseignante en ... chez nous pendant 8 mois, du ... au ...

- I confirm that Mrs. ... was employed here as a teacher of ... for 8 months from ... to ...

854 - Nous confirmons par ce courrier que M. ... est employé à ... depuis 3 mois.

- This letter is to confirm that Mr. ... has been employed at ... for 3 months.

855 - Certifié conforme et véritable.

- Certified true and correct.

• **Présenter un chercheur :**

Situating a researcher :

856 - Je connais M. ... depuis plus de 5 ans.

- I have known Mr. ... for over 5 years.

857 - Mle ... s'est jointe à notre groupe le 1er décembre.

- Miss ... joined our team on December 1st.

858 - Son activité professionnelle est centrée sur ... en vue de développer ...

- His professional interests are focused on ... with the objective of developing...

859 - Il a prouvé qu'il était un très bon chercheur et a déjà publié plusieurs articles dans des revues scientifiques.

- He has proved a valuable researcher and has already published several papers in scientific reviews.

860 - Pour autant que je sache, le Dr ... est un membre éminent de la communauté scientifique internationale.

- As far as I am concerned, Dr. ... is a very valuable member of the international scientific community.

861 - Je suis persuadé que ses recherches ont largement contribué au développement de ...

- I believe that his research has greatly contributed to the development of ...

862 - Je fonde cette affirmation sur la qualité de ses publications dans d'excellentes revues telles que ...

- I base this assertion on the high quality of his publications in excellent reviews such as ...

• **Présenter un étudiant :**

863 - C'est un étudiant diplômé qui travaille
avec mon équipe.

864 - Il est étudiant en maîtrise à l'Université ...
où je suis Professeur en ...

865 - Il a suivi mon cours de ...

866 - M. ... a commencé ce cycle d'études
il y a deux ans et il espère l'achever avant
l'année prochaine.

Situating a student :

- He is an advanced postgraduate student
working with my group.

- He is a student in the master's degree
program at ... University, at which I am
Professor in ...

- He has been my student in a course on ...

- Mr. ... started his graduate program two
years ago and intends to complete it before
next year.

• **Critères d'évaluation :**

Capacités intellectuelles :

867 - Il est parmi les cinq meilleurs étudiants que
j'ai eus jusqu'à présent.

868 - Comparé aux étudiants de la même
formation, le potentiel de ce candidat
est très supérieur à la moyenne.

869 - ... supérieur à la moyenne.

870 - ... égal à la moyenne.

871 - ... inférieur à la moyenne.

872 - Cet étudiant fait incontestablement preuve
d'initiative et d'autorité.

873 -
874 - } C'est un chercheur brillant.

875 - Il est très capable et a l'esprit pratique.

Evaluation criteria :

Intellectual abilities :

- He is among the five most exceptional
students I have ever had.

- Compared to other students with the same
background, the candidate's development
potential is well above average.

- ... above average.

- ... average.

- ... below average.

- This student has a good sense of initiative
and leadership potential.

- He is a $\left\{ \begin{array}{l} clever \ ^{GB} \\ bright \ ^{US} \end{array} \right\}$ researcher.

- He is highly competent and practical.

1000 FORMULES

876 - Il a un bon esprit méthodique.

- *He has a good methodical approach.*

877 - Il a une assez bonne ouverture d'esprit.

- *He has rather an open mind.*

878 - Il est extrêmement brillant et travailleur et a contribué largement à l'étude sur ... qui sera présentée à un congrès en fin d'année.

- *He is extremely bright and hardworking and has made an important contribution to ... which will be presented at a Conference later this year.*

Capacités de travail :

Work capacity :

879 - Il a assumé ses fonctions avec un zèle louable, à la satisfaction générale.

- *He carried out his duties with commendable zeal to everyone's satisfaction.*

880 - Il a accompli son travail de manière autonome et a fait preuve d'initiative.

- *His work was accomplished without direct supervision, and he has a good sense of initiative.*

881 - Il a montré une excellente capacité à mener à bien des projets importants de manière autonome, y compris dans des domaines où il avait peu d'expérience.

- *He has shown an excellent ability to complete major projects without assistance, even in areas where he had a minimum of previous experience.*

882 - Il a l'habitude de travailler de sa propre initiative.

- *He is used to working on his own initiative.*

Expérience :

Experience :

883 - Il a une bonne formation en ...

- *He has a good background in ...*

884 - Il est très au courant des dernières nouveautés et évolutions.

- *He is thoroughly familiar with new trends and developments.*

Activités spécifiques :

Special characteristics :

885 - Durant cette période, il a développé deux programmes informatiques pour l'analyse des antennes.

- *During that period he developed two computer programs for antenna analysis.*

886 - Il a appris le Fortran pour écrire ces programmes, et a amélioré considérablement ses capacités durant son séjour dans notre laboratoire.

- *He learned Fortran in order to write these programs and has improved his skills considerably during his stay in our laboratory.*

887 - Mle ... prépare actuellement une thèse sur ... Nous l'encourageons à poursuivre un diplôme dans une université américaine.

- *Presently Miss ... is working on a thesis dealing with ... She has been encouraged to pursue a degree in an American University.*

Qualités humaines :

Human qualities :

888 - Il s'est créé de très bonnes relations avec ses collègues.

- *He created strong personal relationships with his colleagues.*

889 - Il est très sociable et sait créer une bonne ambiance de travail avec les membres de son équipe.

- *He is very sociable and knows how to create a good atmosphere with the members of his group.*

890 - Il a une aptitude exceptionnelle à la communication.

- *He has an exceptional ability to communicate with people.*

• Conclusions favorables :

Favourable conclusions :

891 - L'Ecole d'Eté sera très profitable à M. ...

- *Mr. ... will gain substantially from the Summer School.*

892 - Il a déjà un niveau qui lui permettra de suivre facilement le programme des cours.

- *He already has the background to appreciate the contents of the course.*

893 - C'était un membre brillant de l'équipe et j'ai regretté son départ.

- He was a valued member of staff and I was sorry to see him go.

894 - Je regrette que son séjour avec nous ait été si court.

- My only regret is that his stay with us has been so short.

895 - Je recommande vivement Mme ... à toute entreprise désirant recruter un chercheur très motivé.

- I highly recommend Mrs. ... to any company looking for a strongly motivated researcher.

896 - Je recommande sans hésitation ...

- I have no reservations in recommending ...

897 - Si je peux être d'une quelconque utilité en ce qui concerne cette candidature, n'hésitez pas à me contacter.

- If I can be of further assistance with his application, please feel free to contact me.

898 - J'espère que cette lettre l'aidera à atteindre ses objectifs.

- I hope this letter will help him to achieve his goal.

899 - Je sais que vous lui donnerez toute l'aide que vous pourrez.

- I know that you will give him all the help you can.

• **Réponse défavorable :**

Unfavourable reply :

900 - Je regrette de ne pas être en mesure de faire un rapport favorable.

- I regret that I cannot give you a favourable report.

901 - Il m'est difficile de vous recommander M. ... qui ne n'a pas semblé très motivé par l'étude que nous lui avons confiée.

- It is difficult for me to recommend Mr. ... who did not seem to be motivated by the study we proposed him.

902 - C'est avec une certaine réserve que je recommande ...

- I have some reservations in recommending ...

903 - Je ne le recommanderais pas sans quelques réserves.

- I would not recommend him without some reservations.

8.3 LEXIQUE	VOCABULARY

– aide financière	– *financial support/financial aid*
– année d'obtention du diplôme	– $\begin{cases} graduation\ year \\ he\ graduated\ in\ 19.. \end{cases}$
– année scolaire/universitaire	– *academic year*
– bourse d'études	– $\begin{cases} grant\ ^{GB} \\ scholarship\ ^{US} \end{cases}$
– bourse de recherche	– *fellowship*
– candidat	– *applicant*
- dossier de candidature	- *application forms*
- faire acte de candidature	- *to apply (for a job)*
– certificats, recommandations	– *testimonials*
– chercheur, chargé d'études	– *researcher*
– curriculum vitae *(cf. note 31)*	– $\begin{cases} curriculum\ vitae \\ résumé\ ^{US} \end{cases}$
– DEA (Diplôme d'Etudes Approfondies) ⟺	– *Postgraduate degree*
– directeur de thèse	– *thesis director / supervisor*
– diriger une équipe	– *to supervise a team*
– Doctorat	– *Ph.D (Doctor of Philosophy)*
- préparer un doctorat en ...	- *to pursue doctorate studies in ...*
– domaine	– *field*
– emploi	– *employment, job, post*
- emploi à plein-temps	- *full-time employment*
- emploi à temps partiel	- *part-time employment*
- demandes d'emplois	- $\begin{cases} situations\ wanted \\ job\ applications \end{cases}$
- offres d'emplois	- $\begin{cases} situations\ vacant \\ positions\ available \\ job\ offers \end{cases}$

– être admis à	– *to be admitted to*
– étude	– *study*
– étudiant de 1re/2e/3e année	– *first/second/third year student*
– examen	– *exam*
- passer un examen	- *to take an exam*
- réussir un examen	- *to pass an exam*
– formation *(dans une université)*	– *education*
– intérimaire	– *temporary*
– Maîtrise ⟺	– *MS (Master of Science)*
– (avec) mention	– *(with) distinction*
– moyenne obtenue (14 sur 20)	– *Grade Point Average (14 out of 20)*
– projet de recherche	– *research project*
– recherche	– *investigation*
– la recherche (scientifique)	– *(scientific) research*
– service de recherches	– *research departement*
– spécialité	– { *specialisation* GB / *specialization* US }
– stage	– *training period*
– stagiaire	– *trainee*
– sujet	– *topic*
– thèse	– *thesis*
- présenter une thèse	- *to present a thesis*
- soutenir une thèse	- *to defend a thesis*

9 - CONCLURE UNE LETTRE
Ending a letter

Avant la formule de politesse proprement dite, il est courant d'exprimer ou de renouveler des remerciements, un espoir, une promesse, des excuses...

Qu'elle résume un développement plus ou moins long, qu'elle atténue ou renforce une demande, ou qu'elle rappelle l'importance du courrier, la conclusion est la phrase finale dont le lecteur restera imprégné. L'effet repose pour beaucoup sur elle ; il ne faut donc pas la négliger.

CONCLURE UNE LETTRE
Ending a letter

9.1 REMERCIEMENTS :
(voir aussi § 9.7)

ENDING BY EXPRESSING THANKS :
(see also § 9.7)

904 - Nous vous remercions d'avance pour toutes les informations que vous pourrez nous fournir.

- *We thank you in advance for any information[35] you may be able to give us.*

905 - Je vous remercie de votre coopération dans cet important projet. Je puis vous assurer que cela nous sera très utile pour le mener à bien.

- *Thank you for your cooperation in this important project. I can assure you it will help us in our efforts to bring it to a successful issue.*

906 - Merci beaucoup pour l'intérêt que vous témoignez.

- *Many thanks for your interest.*

907 - Enfin, permettez-moi de vous remercier d'avoir bien voulu me recevoir.

- *Finally, let me thank you for meeting with me.*

908 - Je tiens à vous remercier de votre hospitalité et de cette visite si instructive.

- *I want to thank you for your hospitality and for making my visit so informative.*

909 - Encore merci pour tout. Grâce à vous, mon séjour aura été agréable et très profitable.

- *Thank you again for your help and assistance in making my stay productive and comfortable.*

910 - Vous voudrez bien transmettre tous mes remerciements à ... pour avoir pris la peine de mettre ces données à notre disposition.

- *Please convey my sincere thanks to ... for taking the trouble to make these data available to us.*

911 - Je vous remercie de votre coopération.

- *Thank you for your cooperation.*

912 - Nous vous remercions de votre collaboration.

- *Thank you for your collaboration.*

913 - Merci encore pour votre aide.

- *Thank you again for your assistance.*

914 - Je vous remercie infiniment pour vos conseils.

- *Thank you very much for your advice.*

---

35. Indénombrable ; cf note 11, p. 26.

    1000 FORMULES

915 - Je vous remercie de votre compréhension.

- Thank you for understanding the situation.

916 - Je vous remercie pour la patience dont vous avez fait preuve tout au long de ...

- Thank you for your patience throughout ...

917 - Je vous remercie pour le temps que vous avez bien voulu m'accorder.

- Thank you for your time.

918 - Je vous remercie pour la peine que vous avez prise.

- Thank you for your trouble.

9.2 ESPOIR, PROMESSE

ENDING BY EXPRESSING HOPE, PROMISE

919 - ⎱ En attendant d'avoir de vos nouvelles,
920 - ⎰ ...

⎰ *- I am looking* ⎱ *forward to* [36] *hearing*
⎱ *- I look* ⎰
from you soon.

921 - En espérant vous voir très bientôt, ...

- Looking forward to seeing you in the near future.

922 - J'attends avec plaisir de vous rencontrer à Londres.

- I look forward to meeting you in London.

923 - Nous espérons avoir bientôt de vos nouvelles.

- We trust to hear from you soon.

924 - J'espère que ces informations vous seront utiles.

- I hope this information will be of assistance to you.

• **Dans l'espoir de régler une affaire :**

Hoping to come to an arrangement :

925 - Dans l'espoir de trouver une solution qui vous conviendra, ...

- Hoping that we shall be able to find a suitable solution.

926 - Je suis à votre disposition pour les dates qui vous conviendront.

- I will be happy with the arrangements that best suit you.

---

36. *To look forward to (doing) something = envisager (de faire) quelque chose avec plaisir.*
   Le verbe qui suit se met toujours au gérondif.

927 - J'espère que cette proposition vous intéressera.

- I hope that this proposal will interest you.

928 - Soyez assuré que je ferai tout mon possible pour trouver un arrangement.

- You may rest assured that I shall do everything possible to find an arrangement.

• En vue d'une collaboration future :

Future cooperation :

929 - Je serais très heureux de pouvoir effectuer des recherches avec votre équipe. J'espère vous rencontrer bientôt.

- The opportunity to conduct research with your group would be a privilege and I look forward to meeting you soon.

930 - Enfin, je vous confirme que j'examinerai les possibilités d'action commune de recherche entre notre laboratoire et votre entreprise.

- Finally, I would like to confirm that I will explore possibilities for a research interaction with our laboratory and your company.

931 - J'espère travailler très bientôt avec vous sur ce projet.

- I look forward to working with you on this project in the near future.

9.3 OFFRIR SON AIDE

ENDING BY OFFERING HELP

• Général :

General :

932 - N'hésitez pas à nous contacter si vous avez un problème ou une question au sujet de ...

- Please do not hesitate to contact us with any problems or questions concerning ...

933 - Pour toutes questions ou remarques concernant ..., n'hésitez pas à me contacter.

- If you have any questions or comments concerning ..., please do not hesitate to contact me.

934 - Je serai heureux de pouvoir vous être utile.

- I shall be pleased to be of assistance to you.

935 - Nous restons à votre service.

- We remain at your disposal.

• **Pour insister sur une proposition :**

To insist on a proposal :

936 - Veuillez me faire savoir si je peux être de quelque utilité pour l'organisation de la réunion.

- *Please let me know if I can be of any assistance with the meeting.*

937 - En résumé, si vous ou vos collaborateurs croyez que ce nouveau dispositif peut vous être d'une quelconque utilité, et si vous désirez plus d'informations, vous pouvez nous contacter à l'adresse ci-dessus.

- *To sum up, if you or your associates believe that this new device could be of value to you, and if you would like additional information, please contact us at the above address.*

938 - Pour plus de renseignements, veuillez contacter ...

- *For further information, please contact ...*

939 - Si nous pouvons vous être utiles, n'hésitez pas à nous appeler ou à écrire.

- *If there is anything we can do for you, please do not hesitate to call or write.*

940 - Si vous souhaitez que nous en discutions, contactez-moi d'ici la fin juin.

- *If you would like to discuss the matter further, please call us by the end of June.*

• **Laisser un numéro de téléphone :**

Giving a telephone number :

941 - En cas de problème, vous pouvez me contacter au : ... (bureau)[37]
   ... (domicile)

- *In case of any problem, my phone numbers : ... (office)*
   ... (home)

942 - Si vous avez des questions, n'hésitez pas à me contacter au : ...

- *If questions should arise, please feel free to contact me at : ...*

---

37. Numéro direct = *direct dialling*.

9.4 DEMANDER UNE RÉPONSE

ENDING BY ASKING FOR A REPLY

• **Réponse urgente :**

Urgent :

943 - Je vous saurais gré de me faire connaître votre réponse dès que possible.

- Please let me have your reply as soon as possible.

944 - En espérant votre réponse par retour.

- I look forward to your reply by return.

945 - J'aurais besoin d'une réponse rapide.

- I would appreciate a prompt reply.

946 - Nous aurions besoin de votre réponse au plus tôt.

- We would appreciate your early reply.

947 - Je vous prie de bien vouloir répondre par télex ou télécopie.

- Please answer by telex or telefax.

948 - Je ne saurais trop insister sur l'importance de cette affaire.

- I cannot overemphasize the importance of this matter.

949 - En vous remerciant de l'attention que vous voudrez bien apporter à ce sujet.

- Please give the matter your prompt attention.

950 - Merci de bien vouloir accuser réception de ce courrier.

- Please acknowledge receipt of this letter.

951 - Ayez l'obligeance de nous tenir informés.

- Kindly keep us informed.

• **Demander confirmation :**

Asking for confirmation :

952 - Vous voudrez bien me confirmer la date de votre arrivée.

- Please confirm your date of arrival.

953 - Pouvez-vous me confirmer votre accord avant le 30 avril ?

- Could you please confirm your agreement before April 10?

• **Demander des informations :**

Asking for information[38] :

954 - Je vous serais très reconnaissant pour toute information complémentaire que vous pourrez me fournir.

- *I shall be very grateful for any further details you may be able to give me.*

955 - Toute information complémentaire sera la bienvenue.

- *Any additional information would be greatly appreciated.*

956 - Avant de prendre une décision, j'aimerais de plus amples renseignements à ce sujet.

- *Before I come to a decision, I should like to have further particulars about this matter.*

957 - Afin de mettre à jour ma bibliographie, je vous serais reconnaissant de bien vouloir me transmettre cette liste de publications.

- *To enable me to complete my bibliography, I would be grateful to have this list of publications.*

9.5 PROMETTRE DES INFORMATIONS COMPLÉMENTAIRES

ENDING BY PROMISING FURTHER INFORMATION

958 - Nous vous informerons dès que possible de la suite donnée à cette affaire.

- *We shall inform you as soon as possible of the outcome of this matter.*

959 - Nous vous enverrons sous peu de plus amples renseignements.

- *We will be sending further details in the near future.*

960 - Nous vous écrirons dès que nous serons en mesure de vous donner une réponse définitive.

- *We shall write to you as soon as we are able to give you a definite answer.*

---

38. Cf. note 11, p. 26.

9.6 REGRETS, EXCUSES

ENDING WITH REGRETS, APOLOGIES

Il s'agit d'employer le ton juste selon la situation, de s'exprimer le plus simplement possible, sans se confondre en excuses ou en regrets afin ne pas tomber dans l'obséquiosité.

• Regrets :

Regrets :

961 - Je regrette de ne pouvoir vous donner une réponse positive.

- *I am sorry that my reply cannot be more positive.*

962 - Je suis désolé de ne pouvoir vous aider en ce moment.

- *I regret that I am unable to assist you for the time being.*

963 - A mon grand regret.

- *With much regret.*

964 - Je ferai tout mon possible pour atténuer ...

- *I shall do everything possible to minimize ...*

• Excuses :

Apologies :

965 - Nous sommes désolés pour le dérangement que cela vous a occasionné.

- *We are sorry for the inconvenience this has caused you.*

966 - Nous sommes navrés pour le dérangement que cela a pu vous occasionner.

- *We are sorry for the inconvenience this may have caused you.*

967 - Je suis vraiment désolé pour le dérangement que cela peut provoquer.

- *I am very sorry for the inconvenience this may cause.*

968 - Je vous prie d'accepter toutes mes excuses.

- *Please accept my sincere apologies.*

969 - J'espère que cela n'aura pas causé trop de problèmes.

- *I do hope that the inconvenience has not been too serious.*

970 - Je vous renouvelle toutes mes excuses, et vous prie d'agréer l'expression de mes salutations distinguées.

- *I apologize once again and remain yours truly.*

1000 FORMULES

9.7 TOURNURES PERSONNELLES

ENDING WITH A PERSONAL TOUCH

• **Remerciements** (voir aussi § 9.1) :

Thanks (see also § 9.1) :

971 - J'ai été très heureux de vous revoir et je vous renouvelle mes remerciements pour votre sympathique accueil.

- *I was very pleased to see you again, and I thank you again for your friendly welcome.*

972 - Je tiens à vous exprimer tous mes remerciements pour l'aide précieuse que vous m'avez apportée.

- *I wish to express my sincere thanks for your valuable help.*

973 - Je vous suis très reconnaissant d'avoir répondu si rapidement.

- *I am most grateful to you for having replied so promptly.*

• **Vœux divers :**

Wishes :

974 - En espérant avoir le plaisir de vous revoir bientôt.

- *We hope that we shall have the pleasure of seeing you again soon.*

975 - En souhaitant longue vie à nos bonnes relations.

- *We look forward to a continuing happy relationship.*

976 - Mes meilleurs vœux de succès pour le congrès.

- *My best wishes for a successful conference.*

977 - Tous mes vœux de succès dans l'organisation de la réunion.

- *I wish you much success with the organization of the meeting.*

978 - Veuillez accepter mes vœux sincères de bonne année.

- *Please accept my best wishes for the New Year.*

979 - Meilleurs vœux.

- *With best wishes,*

980 - Avec tous nos vœux de bonheur.

- *With all good wishes,*

981 - J'espère que tout va bien pour vous.

- *I hope things are going well with you.*

• **Félicitations :**

Congratulations :

982 - Je suis heureux de vous adresser toutes mes félicitations à l'occasion de votre nomination à ...

- *I am delighted to send you my warmest congratulations on the occasion of your appointement to ...*

983 - Nous sommes heureux que votre travail soit enfin récompensé.

- *We are delighted that your hard work has been rewarded at last.*

984 - Je suis ravi que vous ayiez obtenu cette distinction. Recevez mes plus sincères félicitations.

- *I am thrilled that the award went to such a deserving candidate. Please accept my sincere congratulations.*

• **Souhaits de bonne santé :**

Wishes for good health :

985 - J'espère que vous allez mieux à présent.

- *I hope you are better now.*

986 - Nous espérons que vous allez tous bien.

- *We hope you are all well.*

987 - Nous espérons que son état s'améliore et lui souhaitons un prompt rétablissement.

- *We hope that he is making good progress and wish him a speedy recovery.*

988 - Je vous prie de lui transmettre mes meilleurs vœux et toutes mes amitiés.

- *Please convey my best wishes and kindest regards to him.*

989 - J'ai été très heureux de recevoir de vos bonnes nouvelles.

- *I was pleased to receive good news from you.*

• **Condoléances :**

Condolence :

990 - J'ai été navré d'apprendre la disparition de ...

- *I was sorry to hear of the death of ...*

991 - Nous apprenons avec peine le décès de ... et vous exprimons toute notre sympathie.

- *We were greatly saddened by the death of ... and express our sympathy.*

992 - C'est avec un profond regret que j'ai appris le décès de ... Vous voudrez bien transmettre mes sincères condoléances à son épouse.

- *I heard with deep regret about the death of ... Please convey my heart-felt sympathy to his wife.*

9.8 SALUTATION (FORMULES FINALES)   *COMPLEMENTARY CLOSE*

Noter la virgule à la fin des formules finales anglaises.

• **Formules conventionnelles :**   ***Business :***

993 - ⎫ Je vous prie ⎰ d'agréer ⎱ ,M...,   ⎰ - *Yours faithfully,*[GB] ⎱ 39
994 - ⎭   ⎱ de recevoir ⎰   ⎱ - *(Very) truly yours,*[US] ⎰

l'expression de mes ⎰ sentiments distingués.
    ⎨ salutations respectueuses.[40]
    ⎱ sentiments dévoués.[41]

• **Formules courantes :**   ***Routine :***

995 - Recevez, M..., (l'expression de) mes   - *Yours sincerely,*[42]
meilleurs sentiments.

• **Amicales :**   ***Friendly :***

996 - Meilleurs sentiments.   - *Sincerely,*

997 - ⎰ Salutations cordiales ⎱   - *Cordially,*[US]
    ⎱ Cordialement ⎰

998 - Amitiés à Bill.   - *Kind regards (to Bill),*

999 - ⎫ Meilleurs souvenirs.   ⎰ - *With best wishes,*
000 - ⎭   ⎱ - *(With) kindest regards,*

---

39. Ces formules correspondent à l'appel *Dear Sir, Dear Madam, Gentlemen (voir § 1.2).*
40. Convient à une personne plus âgée.
41. Convient à un supérieur.
42. Ces formules correspondent à l'appel Dear Dr. Smith, Dear Miss Jones...

UTILISATION DE LA DISQUETTE

Les utilisateurs de traitements de texte sous MS-DOS ou sur Macintosh ont la possibilité d'utiliser les textes saisis sur la disquette.

Chaque formule est repérable par un numéro indiqué dans l'ouvrage en regard du texte français. Les dates, lieux et noms propres sont supprimés sur la disquette et remplacés par des points de suspension, ceci afin de permettre leur substitution.

MARCHE A SUIVRE :

1 Utilisateurs de programmes de traitement de texte autres que MS-Word :

Les formules existent au format RTF et ASCII et sont aisément récupérables ; chaque formule numérotée est alors accessible rapidement par la fonction de recherche.

2 Utilisateurs de MS-Word :

Les formules sont également agencées en **GLOSSAIRE**, fonction particulière qui permet de les mettre en place directement par simple appel du numéro qui leur est attribué dans l'ouvrage. Vous pouvez installer le glossaire sur votre disque dur.

Nom du glossaire :
- Sous DOS : 1000.GLO (à renommer 1000.GLY si vous utilisez une version américaine).
- Sous WINDOWS : 1000.DOT
- Sur MAC : Glossaire 1000

Pour fonctionner, le glossaire doit bien sûr être chargé en mémoire.

2.1. Chargement :

Attention : le glossaire a une taille importante et **peut nécessiter plusieurs minutes** pour son chargement en mémoire (jusqu'à 3 mn pour un PC XT ou un Mac SE ou Classic) pendant lesquelles l'écran est figé.

2.1.1. Cas où Word est déjà ouvert :
- Sous DOS : - Commande LIT-ECRIT GLOSSAIRE (Transfer Load Glossary).
  - Sélectionner "1000".
  - Appuyer sur la touche ENTREE.

- Sous WINDOWS : - Commande Fichier / Nouveau document.
  - Choisir 1000.DOT comme modèle.
- Sur MAC : - Menu EDITION : choisir GLOSSAIRE. Laisser ouverte la zone de dialogue.
  - Menu FICHIER : choisir OUVRIR.
  - Sélectionner "Glossaire 1000".
  - Après chargement, fermer la zone de dialogue.

2.1.2. Cas où Word n'est pas encore ouvert (sur MAC seulement) :
- Ouvrir directement "Glossaire 1000". Après chargement, un document "Sans titre" s'affiche.

Le glossaire reste en mémoire vive tant que Word est en service.

2.2. Utilisation :

- Sous DOS et sous WINDOWS : - Taper le numéro de la formule choisie (précédé d'un espace), là où doit se placer la formule.
  - Appuyer sur la touche F3 : le numéro est remplacé par la formule.
- Sur MAC : - Appuyer sur les touches COMMANDE ( ) SUPPRIMER (←) : le mot "Nom" s'affiche dans le coin inférieur gauche de la fenêtre active.
  - Taper le numéro de la formule choisie.
  - Appuyer sur la touche ENTREE : la formule s'affiche là où se trouve le curseur.

Les utilisateurs de MS-DOS qui souhaitent échanger la disquette $3^{1/2}$ contre une disquette $5^{1/4}$ peuvent le faire gratuitement en envoyant à l'éditeur :
- la disquette $3^{1/2}$,
- la photocopie de leur facture d'achat datant de moins de 30 jours,
- une enveloppe à leur adresse, affranchie au tarif en vigueur pour le poids convenable.

DISQUETTE 1 000 FORMULES

EXISTE EN VERSION 3"1/2 :

- **APPLE MACINTOSH**

DISQUETTE À COMMANDER CHEZ VOTRE LIBRAIRE

Le cas échéant, contacter Longman France *pour tout renseignement*
95, bd Saint-Michel, 75005 PARIS
Tél. (1) 43 29 07 41

LONGMAN PRATIQUE

VOTRE C.V. EN ANGLAIS

Ouvrage pratique pour répondre en anglais à une annonce, préparer un curriculum vitae, faire une lettre d'accompagnement, préparer un entretien d'embauche, remplir un dossier de candidature ...

Il permet aussi d'éviter les pièges des différences culturelles avec les Britanniques.

GLOSSAIRE D'ANGLAIS COMPTABLE

Glossaire très facile d'utilisation pour tous ceux qui ont à examiner des documents financiers.

Il s'agit là d'un outil commode permettant non seulement de trouver un équivalent français aux termes rencontrés, mais également de voir en quoi la comptabilité anglaise ou américaine peut différer des habitudes françaises.

GLOSSAIRE D'ANGLAIS FINANCIER
(Glossary of Financial English)

Recueil de 800 mots (ou expressions) financiers sélectionnés dans la presse anglaise et américaine avec leur traduction et l'explication par des citations.

Imprimerie Nouvelle, 45800 Saint-Jean-de-Braye – 17391.
N° d'éditeur : 1063. Dépôt légal : septembre 1992
Imprimé en France